新たな法学の基礎教育

論理的に読み・書き・議論するための基本

福澤一吉 [編著]
Fukuzawa Kazuyoshi

花本広志
Hanamoto Hiroshi

廣澤　努
Hirosawa Tsutomu

宮城　哲 [著]
Miyagi Satoshi

弘文堂

はじめに

本書の目的

 1 本書は、法学ないし法律を専門的に学ぶ前に修得しておくべき「論理的に読み・書き・議論するための基本」を学ぶための教科書として執筆したものです。ですから、主な読者としては、これから法学を専門的に学ぼうとしている法学部や法科大学院の入学者・入学予定者、あるいは法律系の資格試験にチャレンジしようとしている方を想定しています。しかし、後で述べる理由により、すでに法学や法律を専門的に学んでいる学生等、さらには、法学部や法科大学院の教員その他法学の研究者や法律の実務家の方々にも是非ご一読いただきたいと考えています。

 2 そもそも、なぜ法学ないし法律を専門的に学ぶ前に「論理的に読み・書き・議論するための基本」を学ぶ必要があるのでしょうか。

 たとえば、法科大学院においては、法学未修者が標準的な教育課程の3年間で法科大学院を修了してすぐに司法試験に合格することが厳しい現状があり、法学未修者が法学を修得するためには3年間では足りないと言われることがあります。その原因としては多くのことが考えられますが、原因の1つとして、法学を専門的に学ぶ前の基礎教育の不足を指摘できます。補足して説明しますと、日本では、初等・中等教育、そして大学の教養課程においても、「論理的に読み・書き・議論する」ことについて、必ずしも十分な教育がなされているとは言い難い現状があります。ですから、多くの法学未修者が「論理的に読み・書き・議論するための基本」を知らないまま法学の専門教育を受けることになります。そのため、法学を学ぶにあたり、膨大な専門知識や難解な理論を暗記することが中心になってしまっているように思われます。このような学習方法では、一部の優秀な学生を除けば、3年間では司法試験で問われる紛争解決のための応用能力まで修得することは難しいということです。逆に言えば、法学を専門的に学ぶ前に「論理的に読み・書き・議論するための基本」ができてい

れば、法学の学習において知識の暗記のウェイトが減り、その分、紛争解決のための応用能力を修得するためのトレーニングができることから、法学未修者教育の改善につながると思われるということです。

　このような考え方は、法学部の法曹コースで3年間、連携先の法科大学院で2年間学び、法科大学院の在学中に司法試験の受験ができるようになるという新しい制度にも当てはまります。すなわち、学部の法曹コースで法学を専門的に学ぶ前に「論理的に読み・書き・議論するための基本」を修得すれば、その後の法学の学習が充実し、司法試験の合格率の向上が期待できるということです。

　そこで、これまでの法学教育にはなかった「論理的に読み・書き・議論するための基本」を学ぶ教科書を作成する必要性があると考え、他学部において「論理的に書く・読むスキル」の基礎教育を実践されてきた社会科学の研究者の全面的な協力を得て、法学の研究者および実務家も加わって新たな法学の基礎教育の教科書として執筆したのが本書です。これから法学を学ぶ、あるいはすでに法学を学んでいる学生には、今後の法学学習の充実という観点から、是非本書をお読みいただきたいと考えております。

　3　本書の目的は、以上にとどまりません。法律は社会のルールですから、法律の専門家は、社会の一般の人にも論理的に分かりやすくルールを説明する必要があるはずです。しかし、裁判における判決文もそうですが、法律の専門家の書く文章や話す内容は、一般の人には難解で分かりにくいようです（特に、判決文は、一般の人よりも論理的な読解力があるはずの他学部の大学教授でも、論理的に読み解くことは難しく、何を言っているのか分からないことが少なくないようです）。法律の世界では、専門用語が多いだけでなく、法律の専門家だけに通じる独特な論理や言い回しを用いた文書作成が伝統的に受け継がれていることなどが、一般の人には難解で分かりにくい原因だと思われます（前述の法学未修者が法学を修得するのに時間がかかる要因の1つとして、業界内の独特な論理や言い回しに慣れたり、使えるようになるのに時間がかかるということも挙げられるように思います）。しかしながら、前述のように、法律の専門家は、社会のルールを一般の人にも分かりやすく説明することがその役割の1つであるはずです。そこで、

法律の専門家にも、本書をご一読いただき、一般の人が学ぶような「論理的に読み・書き・議論するための基本」をあらためて確認していただいたうえで、必要に応じて、一般の人に分かりやすい論理や言い回しを用いるようにするなど、本書が、より一層一般の人に分かりやすい文書作成等を心掛ける契機となることを祈念する次第です。

本書の構成と特徴

1　本書は、第1部の基礎編と第2部の応用編から成っています。

2　第1部の基礎編は4つの章から成っています。
　第1章では、本書の基本的スタンスについて触れ、「第1部　基礎編」全体で何をカバーしようとしているかの全体像を簡単に示します。
　第2章では、接続の論理と表現（接続詞・接続語句）についてお話しします。より詳細には第3章（論理的に考える）でお話ししますが、論理とは言葉、語句、文の間の関連性のことを指します。そして、これらがどんな論理関係にあるのかを明示するための道具が接続詞、接続語句なのです。ですから、論理について敏感になることは語句や文の間の関係に敏感になること、そしてそれらの関係性を接続詞で表現できることにほかなりません。
　第3章（論理的に考える）では、論理とは何か、論理的な議論とは何かを、論証（何か主張するときにその根拠を示すこと）の構成要素をベースにお話しします。ここでは第2章でとりあげた帰結を導く接続詞（だから）や理由を示す接続詞（なぜなら）が出てきます。また、世間一般に使われている論理的思考という語がいかに誤解されているかに関しても触れます。
　第4章では、文章に含まれる複数の論証関係を把握するために論証図についてお話しします。ある一定の長さの文章に含まれる論証間の関係を俯瞰することにより議論の全体像をつかむのが狙いです。

3　第2部の応用編では、第1部で学習したことを総動員して「論理的に書く・読む」についてお話しします。本書では「論理的に書くことと読むこと」

は表裏一体のものであり、両者は相互に密に関連しあう言語活動であるとする立場をとっています。ですから、「書く」ことだけ、「読む」ことだけを単独に取り上げて学習するというスタイルをとりません。なお、基礎編で学んだ論理的に考える力こそが「論理的に議論する基本」であり、また、「論理的に書く・読む」トレーニングは、「論理的に議論する」トレーニングにもなりますので、独立して「議論する」ことを取り上げることもしません。

　4　本書の特徴は、各章に練習問題を用意していることです。書籍を読むだけでは「論理的に読み・書き・議論する」スキルは身につきません。スキルを身につけるためには、トレーニングが必要です。そこで、各章において、解説の後、そこで学習したことを練習問題で確認できるようにしてあります。その問題を解きながら、「論理的に読み・書き・議論する」力を鍛えるトレーニングをしてください。

　読者のみなさんが、本書を通して「論理的に読み・書き・議論する基本」を理解し、そのスキルを修得することによって、その後の法学や法律に関する学習や教育あるいは業務の改善・充実が図られることを祈念しております。

　最後に、本書を出版するにあたって、弘文堂の清水千香氏から多くのサポートをいただきました。この場をお借りして、同氏に心から感謝申し上げます。

　　2022 年 5 月吉日

執筆者一同

福澤　一吉

花本　広志

廣澤　努

宮城　哲

（Alphabet 順）

第1部

基礎編

第1章

議論・論理/論証とは何か？

　第1章では、本書の中心的テーマである議論・論理/論証についての基本的スタンスおよび本書がカバーする事柄とその範囲の概要についてお話しします。ここで本書全体を見渡し、それを念頭に第2章以降を読みましょう。

　本書の基本的スタンスとして次の3つを取り上げます。「1-1 分野を超えた議論の基礎」、「1-2 論理って何のこと」、「1-3 思考すること（考えるということ）＝論証すること＝論理的であること」、の3つです。それに続いて本書のカバーする事柄として次の4つについてお話しします。「1-4 接続詞、接続語句の論理（第2章）」、「1-5 論理的に考えるとは（第3章）」、「1-6 論証間の関係を把握するということ（第4章）」、「1-7 文章を読み・書きすることの相互作用（第5章）」、についてです。

　ここでのキーワードは論証（主張、根拠、論拠）、トゥールミン・モデル、論理（複数の事柄の関係性）、思考（ある前提から何らかの結論を導出すること）、接続詞（複数の文の関係性を明示するための語句）です。

1-1　分野を超えた議論の基礎

　さまざまな学問領域において、それぞれ当該の領域固有の議論の方法、議論の進め方があります。たとえば、数学における議論では前提となる数式に<u>含意される数式</u>が次の場面で論理的、必然的に導かれます。論理学も同様な方法で議論を進めていきます。ですから、議論上の操作を誤ると数学や論理学では議論自体が成立しなくなります。一方、法学、心理学、社会学、教育学等について議論する場合では、前提となる根拠に必ずしも<u>含意されていない</u>意味を引き出します。つまり、このような学問領域では前提に含まれていないことを結論

で導くような議論の仕方をしても、必ずしも誤りとはなりません。

このように、学問領域においてそれぞれ議論の方法には違いが見られます。ですから、自分が使っている議論の方法がどこでも通用すると考えるのは危険です。したがって、議論を開始する前に、それぞれの学問領域に見られる議論のあり方の違いが何であるかを理解しておくことが大事であり、そのためには「そもそも議論とは何か」というゼロベースの問いに一旦立ち返らなくてはなりません。なぜなら、「議論とは何か」という基本に立ち返ることで、領域を超えた議論の基礎的構造やルールの違いが見えてくるからです。そうすることで領域固有の議論の方法と捉えていいものと、さまざまな領域に共通して見られる議論のあり方、つまり領域を超えた議論の基礎があることに気がつきます。本書の基本的考え方は、法学的議論を意識しつつも、さまざまな領域にまたがる汎用性の高い議論により重点を置いています。

詳細は第3章に譲りますが、簡単にいうなら、「議論とは何か」を俯瞰的に理解するには、議論を論証に置き換えて捉えることが肝心です。つまり、議論とよばれるものの構成要素を確認し、それぞれの構成要素の役割と、それらの組み合わせで議論を捉え直すと「議論とは何か」がより分かりやすくなるのです。

いま、ここで使用した「論証」とは「何らかの根拠をもとに、そこから何らかの主張や結論を導くこと」を指します。つまり、根拠と主張の「関係性」を扱っているのです。たとえば、「雨雲が出てきた」という単独の言明自体には論証が発生していません。これは単なる事実言明です。一方、「雨雲が出てきた。だから、雨が降るだろう」のように、「雨雲が出てきた」ということから、「雨が降るだろう」を導き、両者に何らかの関係性が生じるときに、論証が発生します。このような単純な話題であっても、論証は登場します。ですから、よりフォーマルな議論の場面では論証が必ず登場するのです。つまり、論証を伴わない議論はありえないのです。

繰り返します。法学固有の議論の方法がありますが、その固有性を理解するためには、より一般的で、法学以外のさまざまな領域で広く使われている議論の方法についても学んでおくのが有効です。なぜなら、それによって法学固有の議論を相対化することできるようになるからです。さらに、法学的議論をより深く理解できるようになるだけでなく、法学以外の学問領域の専門家とも議

論ができるようになるからです。

　法学固有の議論について知るのは、より一般的な議論についての知識を身につけてからでも遅くはありません。なお、法学固有の議論の方法については本書がカバーする範囲外ですので、詳細は巻末に付した参考図書にあたってください。なお、法的議論の方法とより一般的な議論の方法の比較についてはコラムで紹介するにとどめます。

1-2　論理って何のこと

　いきなりですが、思いつきでいいので、論理（的）の対義語・反対語を考えてみてください。この先を読む前に、対義語をいくつか考えてみてください。

　どうでしょうか。論理の対義語として何を思いついたでしょうか？　非論理という反対語はさておき、論理という言葉の対義語で、まず頭に浮かぶのは直感、ひらめき、感情、実践、経験などの言葉ではないでしょうか。これ以外に、より重要な対義語があります。それは、みなさんの直感に反するかもしれませんが、実は「事実」、「主張」、「独断」、「独善」なども論理の対義語なのです（三浦、2004）。このように論理に多くの対義語があるということは、論理はさまざまな側面をもっていることを意味します。論理の意味が定着しない理由の１つは、論理という語の多面性にあるのです。

　ここで、論理のさまざまな対義語の中から、読者のみなさんの直感に反する「事実・主張」という語に注目します。ある特定の事柄を述べ伝えることを目的とするのが「事実・主張」です。たとえば、「今日はいい天気だ」というのはある事実についての主張です。そして、この<u>主張</u>は何かに支えられることなく、それ自体、<u>単独で無条件で成立する</u>ものです。言い換えれば、「今日はいい天気だ」という事実についての主張は<u>他の何の助けも必要なく、それだけで独り立ちしている</u>のです。

　主張が独り立ちしていない場合を考えてみましょう。たとえば、「①ロンドンは雨がよく降る。だから、②明日も雨だろう」のような場合は、先ほどの単独自立型の主張とは事情が異なります。②「明日も雨だろう」という文は、その前にある文①との関係があるからこそ、初めて成立することになります。②は

①から導かれた結果です。②の成立は①に依存しているといってもいいでしょう。②は単独では成立せず、①によって支えられているのです。このように、文①と文②の間に何らかの関係（ここでは根拠から結論を導く論証の関係）があり、「だから」「それゆえ」「なぜなら」「したがって」という接続詞を挟んで登場するのが論理なのです。すなわち、論理は必ず複数の文の間にある関係として立ち現れるのです。このように考えると、複数の事柄の間にある関係性があって初めて発生する「論理」と、それだけで単独で成立する「主張」とが対義語の関係にあることが分かりますね。

　簡単にいうなら、論理とは関係性のことです。何らかの関係性があるところに論理は立ち現れるのです。そして、「論理的である」ということは、この関係性に敏感であることにほかなりません（野矢、2006）。

1-3　思考すること（考えるということ）　　＝論証すること＝論理的であること

　1-1 で「論証とは何らかの根拠をもとに、そこから何らかの主張や結論を導くこと」といいました。言い換えるなら、①ある前提となる根拠から②何らかの結論/主張を③導く（導出する）ことを④論証というわけです。すなわち、論証では前提と結論との関係性を扱っています。関係性を扱っていますから、論証は論理ということになります。

　世間では、論理とか論理的という言葉をさまざまな文脈で見聞きするようになりました。論理に関心が向いているのであれば、これはいいことです。しかし、論理という語は非常に曖昧に使われています。その曖昧さは、世に氾濫している論理的思考に関する解説本によく書かれている内容を読めば分かります。たとえば、論理的に思考するとは、①思いつきやひらめきではなく、②考え方に一貫性があり、③筋道を通し、④屁理屈をいわないで、⑤直感に頼らないこと、などと書かれています。これらも確かに論理のある面を捉えてはいます。しかし、これは論理という意味不明な言葉を、これまた意味がよく分からない別の言葉で置き換えたに過ぎません。つまり、このままでは、どうすれば話に一貫性をもたせたことになるのか、どうすれば屁理屈にならないのか、どうす

れば話に筋道を通せるのかが依然として不明だからです。結局、論理的に考えたり、読んだり、書いたりする場合に具体的にどうすればいいのかが、未だ解説されていないということです（福澤、2018）。

上記の①から⑤までに書かれていることは、「仮に論理なるものがあったとして、それがうまく発揮され、機能したときに、その結果として現れる」ことなのです。つまり、「論理的に思考する。だから、結果として話に一貫性があり、筋道が通り、思いつきではなくなる」というわけです。本書では「どうすれば論理的といえるのか」を具体的な作業に置き換えながらお話しします。

次に「思考する」とは何かを考えてみましょう。「これは腕時計だ」という事実を主張するだけでは思考したとはいえません。論理の対義語について触れたときにも言いましたが、これは事実について言及しただけです。一方、「これは腕時計だ。だったら、時間が分かるはずだ」となれば、ここに思考が生まれます。すなわち、思考するとは「何らかの事柄から何かを導き出す」ときに生じるのです。こう考えると、思考とは論証のことであると分かります。

このような単純な定義をもとに、本書では思考するということは、論証することであり、それは前提から結論を導くことであり、それが論理であるという立場をとります。そして、本書はこれらの語を代表して<u>論証（reasoning）</u>という言葉を主に使います。

なお、本書は便宜上、「論理的思考」という言葉を使いますが、論理と思考は本書の定義では同義ですから、厳密にはこの言葉使いはおかしいのです。

1-4　接続詞、接続語句の論理（第2章）

突然ですが、次の文章を読んで間違っている点、妙な点があればそれを指摘してください。

1）心理学では思考が研究対象になります。そこでは思考が難しく定義されています。本書では思考を最も単純に捉えて定義します。

例文 1

> 　日本において小学校から英語を教える必要があるだろうか。日本における英語の初等教育は必要ないと考えている人がかなり多いのではなかろうか。必要ないと考えている人たちが、皆同じような理由で同じように英語の初等教育に反対しているわけではない。日本語がまだちゃんとできないうちに、外国語を勉強すると日本語での思考に悪影響が出るのではとの行き過ぎた心配の声も聞く。英語の初等教育は必要ないとする主張の裏づけの根拠もさまざまである。なぜその教育が必要ないとするかの理由も人によって相当に違っているのだ。
>
> （福澤一吉、2018 年、15 頁より改変）

　さて、この文章を読んでさほど問題を感じないとすると、論理的に読解していないことになってしまいます。文章の間違っている点の詳細な答え合わせはしませんが、大きな問題の 1 つは、この文章には接続詞が 1 つも使われていないということです。だから、みなさんは文と文の間の論理的関係がどうなっているかについて意識せずに、一気に読んでしまうのです。

　一般に、ある文章を書くときに、最初に 1 つの文 a を書き、その文 a の内容はさておき、その文 a と全く関係ない文 b をその次に書くということをするでしょうか？　このやり方でたくさんの文を連ねるのであれば、最終的に出来上がるものは、お互いに全く意味的関連のない文の集まりになってしまいます。

　意味的関連のある文章では、ある文の内容が何であれ、その内容は必ずその次の文に意味的に引き継がれるはずです。つまり、意味のある文章では 1 つ 1 つの文と文の間に、必ず意味的な関係（論理的関係）が発生しているはずです。そして、2 つの文の間にどのような意味関係・論理的関係が発生しているかを明示的に示すのが、接続詞または接続語句にほかなりません。別の言い方をするなら、接続詞を入れることのできない 2 つの文は互いに無関係な文であるといえます。

　読者のみなさんの多くは、初等教育の国語において、接続詞について何らかの学習をしているかと思います。しかし、接続詞について何をどう学習したかを覚えていないのではないでしょうか？　そして、接続詞にあまり注意を払わ

ずに、感覚的にしか使ってこなかったのではないでしょうか？

　第2章では、みなさんが感覚的に使ってきた可能性のある接続詞に再度注目し、その役割を再認識してもらいます。接続詞は、文と文の論理的関係を明示するためのものです。ですから、接続詞を使うことは論理について触れていることになるのです。論理についての話を始める前に、本書では、みなさんが一度学習したはずの接続詞をあえて取り上げ、かつそれを重要視します。接続詞に注目することで、文章の読み方、書き方、自分の発言、他者の発言の理解等が大きく変化するはずです。そして、接続詞に注意を払うことは論理的であることの基礎なのです。

1-5　論理的に考えるとは（第3章）

　本章の1-3ですでに言及していますが、本書では思考すること（考えるということ）＝論証すること＝論理的であること、と捉えます。本書では、このことを論証という語で表現しています。繰り返しますが、「論証とは何らかの根拠をもとに、そこから何らかの主張や結論を導くこと」です。このように考えると、私たちは、言葉として音声に出すか出さないかはさておき、四六時中、心の中で論証をしていることになります。たとえば、心の中で「お腹が空いたな。じゃあ、何か食べよう」という発言も、「お腹が空いた」を根拠にして、「何か食べよう」という結論を出しているのですから、論証になっています。「彼が待ち合わせ時間に現れない。きっと、電車に乗り遅れたんだろう」なども論証になっています。つまり、私たちは常に論証しているといっても言い過ぎではないのです。

　第3章での狙いは、「お腹が空いたな。じゃあ、何か食べよう」といったレベルの論証を、アカデミックな文脈で行う準備をするということです。このような日常のたわいないレベルでも、アカデミックなレベルであっても、論証の構造自体は変わりません。たとえば、「①タクシーに乗ったときに料金を払うのは、払わないと将来タクシーの運転手に民事裁判を起こされ敗訴判決を食らって、強制執行をされるからであることを意識して、料金を払っている人は稀であろう。だから、②大抵の人は、日常のさまざまな行為選択において、具体的な法

強制のことなど考えずに意思決定をしているのである」（太田、2020年、125頁より改変）という場合には、法学的論証になります。つまり、①を根拠に②を主張しているわけです。

　第3章において、論証のモデルとして紹介するのはスティーブン・トゥールミンというイギリスの分析哲学者の有名な議論モデルです。このモデルはもともと法学を参考にして作られているものです。このモデルでは自分が一番言いたいことを主張、その主張を支える事実を根拠、主張と根拠をつなげる理由づけを論拠とよんでいます。<u>主張、根拠、論拠</u>が大事なキーワードになります。

　モデルの全貌は第3章に譲りますが、このキーワードにある「論拠」はみなさん、あまり耳にしたことがないかもしれません。論拠は第3章の中心的概念ですので、簡単な事例を出しておきます。たとえば、あなたが「①大谷翔平選手は優秀な野球選手だ」と主張したとしましょう。そのとき、相手が「②どうして大谷翔平選手は優秀な野球選手だと思うの？」と聞いてきたとします。この場合、あなたは「③だって、大谷選手は数々の賞を受賞しているからだよ」と答えたとしましょう。そう答えて話が終わったと思いきや、相手はさらに「④さまざまな賞を受賞していると、どうしてその選手は優秀だと言えるの？」と聞いてきました。つまり、あなたは①の主張に対して、③を根拠にしました。しかし、どうして①と③がリンクするかについては何も言っていません。相手は、そのリンクがどうして成立するかを聞いているのです。そこで、あなたは、相手からの④の質問の答えに詰まってしまうかもしれません。なぜなら、根拠と主張さえ出せば話は決着すると思っていたからです。このとき、①と③をリンクさせるための理由づけが論拠になります。たとえば、ここでは「なぜなら、賞は技能について専門家の高い評価を受けた選手だけに贈られるものであり、賞はそれを保証するものだから」などが論拠として考えられます。ポイントは、一般の議論や話し合いでは論拠が表面に出てこないということです。だからこそ、④の質問にはすぐに答えられないのです。

　大谷選手の事例における論拠はさほど難しいものではなく、比較的簡単に推定できます。しかし、アカデミックな議論における論拠となると、そう簡単にはいきません。そのトレーニングが第3章の狙いです。

　私たちは自分が結論を述べたり、なんらかの主張をする場合、単に結論や主張だけを述べて終わりにするわけにはいきません。必ず、その根拠と、さらに論拠を出す必要があります。つまり論証することになります。

　1つの主張をするためには1つの論証が必要になりますから、複数の主張を組み合わせて何か大きな主張を導くような場合には、当然、複数の論証が必要になります。そのとき、複数の論証の間の論理的関係はどうなっているかを把握しておく必要があります。したがって、自分で複数の何らかの主張をする場合や、自分で発言したり、何かを書く場合には、論証間の関係を強く意識する必要があります。同様に、他者が書いたものを読む場合にも、そこに現れる論証間の論理的関係を把握しながら読むことが必要です。この読み方が精緻な読解につながります。

　この論証間の論理的関係の把握に使うのが論証図とよばれるものです。詳細は第4章に譲り、ここでは簡単な事例を紹介しておきます。次の文章を読んでみてください。どのような論証が使われているでしょうか？

例文2

---

　①今回の殺人事件の犯人はAかBだ。しかし、②AはいつもCと仕事をする。③ときにはそれにDも加わることがある。いずれにせよ、④今度の犯行ではCにはアリバイがある。だから⑤Cは犯人ではない。ということは、⑥Aは犯人ではなく、⑦Bが犯人だ。⑧実際Bには動機もある。

（野矢茂樹、1997年、45頁より改変）

　以下に示す論証図では、矢印（↓）は論証している箇所を示していて、＋は複数の根拠が結合していることを表しています。解説は省略します。ここではイメージだけつかんでおいてください。③は論証に関係がないので図に含まれていません。

論証図

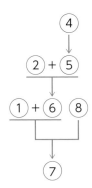

　第4章では、法学に関係する議論文を読んで、それを論証図にするトレーニングをします。

1-7　文章を読み・書きすることの相互作用（第5章）

　一般に文章の読み書きというと、「読むことと、書くこと」は別々の独立なことであるという印象をもつのではないでしょうか。そして、それぞれを別々に学習する場合もあるでしょう。しかし、その印象は必ずしも正しくありません。実は両者は互いに依存関係にあり、作業として不可分の関係にあるのです。

　「読むことと、書くこと」が互いに依存関係にあることは、何かを書く際にすぐに現れます。つまり、自分で何かを書く場合、一旦書いたものを読み返さない限り、自分が何を書いたのか確認できません。この時点ですでに、書くことは読み返すことによって支えられていることが分かります。ですから、「読むことと、書くこと」が互いに依存関係にあるのです。

　読み返すのは、初めに書いた文章を修正変更するためです。そして、読み返して修正する場合には、書かれた文章に対して「本来ならここをこう書くべきだった」という反省と批判（大袈裟ですが）をしながら、読み返しているのです。つまりここでは、一旦書いたものを「読む」ということが、書くことを支えています。ですから、「読むことと、書くこと」が互いに依存関係にあるのです。

　「本来ならここをこう書くべきだった」と修正しながら読む場合には、書くべき事柄の背景となる一定の基準が必要です。この基準に照らしあわせながら文

章の修正変更を行うのです。この時、もし参照すべき一定の基準がないと、いくら修正変更しても、修正変更のたびに方向の異なる修正変更を繰り返すことになり、文章は一向に分かりやすいものにはなりません。つまり、論理的な文章にはならないのです。

この一定の基準とは、第2章から第4章までに学習する内容にあたります。つまり、接続詞、論証、論証図などの基準を総動員して、文章を修正変更することになるのです。さらに、第5章では文章の書き方の工夫を、一文一義、パラグラフ構造との関係でもお話しします。

1-8　本章からのメッセージ

論理的に思考するには、接続詞、接続語句を強く意識して文章を読むことが大事です。接続詞は関係性を直接扱います。ですから、接続詞を使うこと＝論理的であるということです。確認しておきたいのは、単独の事実、主張、結論だけでは関係性が発生しない＝論理は発生しないということです。つまり、論理は常に複数の文の間の関係に立ち現れます。また、思考＝論証＝論理という関係を示しました。何らかの導出があれば、そこには必ず論理が発生し、そこには思考が発生します。これらの言葉は、すべて根拠となる前提から何らかの結論を導くことを指します。

思考、論証、論理、導出という行為は、ある特定の学問領域に固有に発生するものではありません。人間の営みであれば、領域を超えて発生するものです。これは、法学、心理学、経済学、数学、文学等どの学問領域でも、その根底に流れるものです。本書では具体的事例を法学に絞りつつ、異なる学問領域を超えて共通して見られる思考、論証、論理、導出を見ていくことにします。

内田貴『民法I　総則・物権総論〔第4版〕』(東京大学出版会、2008年) といえば、学生向け民法教科書の定番中の定番です。本書の読者ですでに購入された方もいるかもしれません。

さて、同書の序章〔一〕は「民法の学びかた」にあてられており、そこでは、「民法学習の心構え」が説かれています。その最初のテーマは、「暗記か理解か」です。

内田は、我妻栄『新版民法案内　第1巻』(一粒社、1967年) をはじめとして、法律学の学習について、「暗記せずに理解せよ」と説かれることが多いところ、「法律学の学習に『記憶する』という要素は不可欠である」のに、「暗記せずに理解せよ」というアドバイスは奇異ではないかといいます。そのうえで、「適切な情報を、その内容を十分理解したうえで、適切な順序で記憶すること」が重要だと主張します。

確かに、どのような分野の学習であれ、記憶が不要ということはありえません。その意味で、内田の指摘はもっともです。しかし、よく考えてみると、暗記と記憶は同じではありません。我妻『新版民法案内』も、丸暗記を諌めているのであって、記憶が不要とはいっていません。

最近の学習論によれば、学習とは、白紙に文字を書き込むようなものではなく、学習者がもともと有している知識の体系に新しい知識を関連付けて、知識の体系を再構成することだとされます (構成主義の学習理論)。概念定義や条文の文言などを、その意味を理解することなく、あるいは類似の概念や他の条文との関係なども考えずに丸暗記しても、すぐに忘れてしまいます。仮に覚えていたとしても問題解決に役立てることはできないでしょう。知識を記憶するには理解が必要であり、理解を伴わない知識は使えません。暗記を「理解を伴わない丸暗記」の意味で捉える限り、「暗記せずに理解せよ」もまた正しいといえます。重要なのは、内田自身が結論として主張しているとおり、「理解を伴った記憶」なのです。

スキーマとパンデクテン方式

　スキーマとは、認知心理学の用語で、人が、物事を理解したり、記憶したり、思考したりするために必要となる全体的な枠組みのことです。人が物事を理解する際には、まず全体の枠組みを把握して、それに照らして個々の部分を理解していく方法が用いられることが多いとされます（トップダウン型情報処理）。特に、知識の獲得と理解にはスキーマが重要な役割を果たしていることが知られています（市川伸一『現代心理学入門3　学習と教育の心理学』（岩波書店、1995年）57頁以下参照）。

　法学を学習するということは、法的なスキーマを獲得することでもあります。法的スキーマで最も重要なものの1つは、民法典のパンデクテン方式だと思います（法的思考におけるスキーマの重要性について、学生向けとしては、山本敬三『民法講義Ⅰ　総則〔第3版〕』（有斐閣、2011年）7-8頁、22-23頁参照）。

　パンデクテン方式とは、民法典の編纂方式のことです。民法典は、私たち市民同士の間の権利義務関係について定める法律です。しかし、権利義務が問題となる場面ごとに条文を設けていたのでは膨大な数になってしまいます。そこで、複数の場面に共通する条文は、ひとまとめにして前の方に置かれています。すなわち、民法典第1編総則には、第2編物権以下の各編に共通する規定が置かれているのです。この構造は各編や各章の内部でも同様です。六法の民法の目次で確認してみてください。

　パンデクテン方式は、法典の体系性という点では優れているのですが、初学者にとっては、はじめに抽象的な内容を学ぶことになるので、理解が難しいという欠点があります。そこで、民法の初学者は、学習したことが民法典全体の中でどのような位置付けになっているのか、パンデクテン方式を意識して常に確認するようにするとよいでしょう。それが、パンデクテン方式という法的なスキーマの獲得につながると思われます。

第2章

接続詞について考える
接続の論理と表現：文と文の関係を明確にする

　接続詞を使うとは、隣り合わせに書かれた2つの文の関係性を明示することにほかなりません。ですから、接続詞の使用法に注意を向けることは関係性に注意を向けることです。第1章でも触れたとおり、論理とは関係性のことですから、接続詞を使うことは論理的に思考することと同義です。さらに、文章を書く際に、適切な接続詞を選択することは、その接続詞を挟んだ両側の2つの文で何が語られているかに集中しなくてはなりません。ですから、ここでは接続詞の選択と同時に、それに関わる文の意味内容の関係性に注目します。なお、当該の2つの文に論理的な関係がない文を書いてしまうと、接続詞は何も入りません。ただし、隣り合わせの2つの文の間に接続詞が使われなくても、前後する文の中で中心的キーワードが繰り返されている場合は、関係性は持続しています。

2-1　文と文をつなぐということ

　早速ですが、次の法に関する文章を読んでみてください。そして、この文章の言葉の使い方に関する問題点を指摘してみてください。文頭の○番号は著者が便宜的につけたものです（これ以降の例文も適宜○番号をつけています）。

例文1

　①法の対象は人と社会である。②法は、人々の営為を制御したり、社会の在り方を制御したりするために人間が創った道具である。③確かに、もめごとや紛争は、人間が相互作用をして生きていく上で、ゼロより大きな確率で生じることは

避けられないが、裁判までゆくことなく、つまり、法という道具を使わずに、関係者の間の話し合い交渉で解消される方が望ましい。④むしろ、それは、法はない方が良いことを意味するものではない。⑤なぜなら、法なしには人も社会も存立しえないし、どんなに日常的で些細に思われる活動も、法的な制御の直接ないし間接の対象になっているからである。⑥たとえば、朝食にコーヒーを飲むか紅茶にするかの選択も、法的制御を受けている。⑦朝食にコーヒーを飲むことを法が強制したり、禁止したりすることはない。⑧しかし、法は個人の自由権として法的保護を与えているのである。

（太田勝造、2020 年、1 頁より改変）

さて、どこか妙なところに気がつきましたか？ これをさっと一読して、特に問題はない、妙なところはないと思った方は、この文章を論理的に読んでいません。論理的に読むには、語句と語句、文と文の関係性を意識しながら読むことが必要です。より具体的には、各文が表現している内容をしっかりと理解し、その文の中心的な主張を拾いあげ、その中心部分が次の文の中心部分にちゃんと引き継がれているかに注意を払うこと、これが論理的に読むことにほかなりません。

まずは、各文の間の関係に注意してみましょう。書かれている文と文の関係を分かりやすくするために、各文を箇条書きにしておきます。また、各文の右端に矢印（→）をつけてありますが、この矢印の方向が同じ文は、内容的に同じ方向の主張をしていることを示しています。

① 法の対象は人と社会である。（→）
② 法は、人々の営為を制御したり、社会の在り方を制御したりするために人間が創った道具である。（→）
③ 確かに、もめごとや紛争は、人間が相互作用をして生きていく上で、ゼロより大きな確率で生じることは避けられないが、裁判までゆくことなく、つまり、法という道具を使わずに、関係者の間の話し合い交渉で解消される方が望ましい。（→）

1）原文では接続詞が正しく使われていますが、接続詞の解説をするために修正変更しています。

④ むしろ、それは法はない方が良いことを<u>意味するものではない</u>。（←）

⑤ なぜなら、法なしには人も社会も存立しえないし、どんなに日常的で些細に思われる活動も、法的な制御の直接ないし間接の対象になっているからである。（←）

⑥ たとえば、朝食にコーヒーを飲むか紅茶にするかの選択も、法的制御を受けている。（←）

⑦ 朝食にコーヒーを飲むことを法が強制したり、禁止したりすることはない。（←）

⑧ しかし、法は個人の自由権として法的保護を与えているのである。（←）

　最初の「①法の対象は人と社会である」という主張の方向を（→）とします。それに続く②、③もその内容は①と同じ方向の主張が書かれていますので、それぞれの矢印も①と同じ方向（→）にしてあります。

　④では「それは法はない方が良いことを<u>意味するものではない</u>」と述べていて、③の「もめごとは避けられないが、裁判までゆくことなく、つまり、法という道具を使わずに、関係者の間の話し合い交渉で解消される方が望ましい」から推測されるであろうこと（つまり法を撤廃する）を否定しています。そこで④の主張は③の主張とは反対（反対とまでいかなくとも、否定しています）の方向（←）を向いています。

　ここで注意していただきたいのは、直前の文の内容を否定するときには、接続詞「むしろ」ではなく「しかし」を使うということです。「むしろ」は、「Aではなく、むしろB」のように2つを並べて比較する際に、Bの方をより強く主張するような場合に使う接続詞です。ですから、④のはじめにある「むしろ」の使い方が誤っていることになります。この誤りに気づくことが大事です。

　④の主張の理由を述べているのが⑤になります。⑤は「なぜなら」という理由を述べるときに使う接続詞から始まっています。⑤の内容の具体的な事例が⑥⑦に書かれています。このように具体的な例を出す場合には「たとえば」という接続詞を使います。

　最後に、もう1つ注意をするポイントがあります。先ほど触れた通り、「しかし」を使うのはその直前にある主張を否定し、話の方向を変換する場合でした。⑧は「しかし」という接続詞から始まっていますが、⑧の内容は⑦の内容をさ

らに肯定的に押し進めています。つまり、⑦と⑧は同じ方向を向いている文です。ですから、⑧は「しかし」から始めることはできません。この「しかし」の使用法が間違っていたのです。

　いかがでしたか？ 接続詞の使い方の誤りが見つかりましたか？ ここでは文章を読んで接続関係に注意が必要であることをお話ししました。接続詞、接続語句表現は、誰かと話している場合や教室でプレゼンする場合にも同様な注意が必要です。たとえば、相手が目の前にいて会話する場合には、自分が何かを発言し、相手がそれに何か疑問をもてば、その場で「それってどういうこと？」とさらに詳しく説明を求められることがあるかもしれません。その場合には、「つまり」から始めて、最初の発言の内容をさらに分かりやすく解説します。また、「どうしてそう言えるのかな？」と理由を聞かれれば、「なぜなら」から始めて、その理由を述べなくてはなりません。発言の内容が抽象的で分かりにくいと指摘されたなら、「たとえば」から始めて、具体的な事例を提示することで相手の理解を深める必要があるでしょう。このようなやりとりは、話し相手が目の前にいる場合に限りません。たとえ自分が 1 人で何かを書く場合であっても、自分を相手にして自ら自分へのツッコミを想定しながら書くことが大切です。

　これ以降、文と文との関係を明確にするための接続詞についてお話しします。繰り返しますが、接続詞を正確に使えることと論理的であることは同義であるといっても言い過ぎではありません。

2-2　接続詞を使って論理的になる

　接続には順接と逆接があります。順接というのは、文 A で結論/主張が出され、その次の文 B で、文 A の結論/主張内容がそのまま保持され、その内容を肯定する形で議論が進んでいくような接続を指します。先ほどの例では、順接の関係を、隣り合わせの文の主張の方向が同じ場合に、→ を同じ方向に向けて書くことで表現していました。

　一方、逆接というのは、文 A で結論/主張が出されますが、次に文 B で、文 A の結論/主張の方向や流れを変えるような議論が展開される場合に使われる

接続関係のことを指します。逆接の接続詞が使われる場合は、それまでの結論/主張が修正・変更されたり、全く別の結論/主張が出されたりします。先ほどの例では、逆接の関係はそれぞれの文末に付けられた → の方向を逆にすることで表現していました。

　以下、接続詞、接続語句を含む接続に使われる言葉をすべて含めて接続表現として扱います。なお、接続詞の分類に使われている用語は野矢（1997）に準ずることにします。

接続詞

順接

　(1) 付加する：そして、しかも、むしろ

　(2) 解説・換言する：すなわち、つまり、言い換えるなら

　(3) 論証する：だから、したがって、なぜなら

　(4) 例に出す：たとえば

逆接

　(1) 転換する：しかし、しかしながら、〜だが、

　(2) 制限・補足する：ただし、もっとも、

　(3) 対比する：一方、他方、それに対し、だが、しかし

　(4) 譲歩する：確かに、もちろん

2-3　順接の接続

　順接の接続詞は、(1)主張を付加すること、(2)解説すること、(3)論証すること、(4)何かを例に出すこと、を明示するために使われます。それぞれの例をみていきましょう。

2-3-1　主張を付加するときに使う接続表現：そして、しかも、むしろ
〔そして〕
　あることを言っていて、それに何かを付け加える際によく使われる接続詞に

は「そして」があります。頻繁に使われますが、「そして」で接続される文と文の間に強い論理的関係が生じるわけではありません。たとえば、「①買い物に出かけた。そして、②帰りに郵便局に立ち寄った」という場合など、時系列的に生じたことを並べ立てる場合などに使われます。

　また、単に「そして」以前に述べられている主張とは別の主張を表明する場合にも使います。

例文2

> 　法律を厳守するということは、社会的な存在としての人間にとって不可欠なことである。そして、このことはなにも法律の厳守だけについていえることではない。それは自分自身が決めたルールを守ることによって達成される道徳的行為とも深く関連する。
>
> 　　　　　　　　　　　　　　　　　　　　　　　　　　　　　（オリジナル）

　例文2の「そして」の前後にある内容は互いに独立した主張です。特に文と文の間に論理的関係性はありません。このような場合に「そして」を使います。

例文3

> 　①アメリカでは下級裁判所でも最高裁判所と同様に、判決文は、その判決文に責任をもつ裁判官によって署名されるのが原則である。そして、②理由づけや判決の構成や論理構造は、裁判官ごとに大きく異なる。
>
> 　　　　　　　　　　　　　　　　（ダニエル・フット、2007年、22頁より改変）

　例文3にある文①と文②は内容的に独立しています。

〔しかも〕

　「A、しかもB」というときには、主張Bが単に主張Aに追加されるだけではありません。主張Bは、主張Aが言いたい内容とその志向が一致しつつ、さらに主張Aの志向をバックアップし、後押しして、主張Aを押し進めるという感じが生じます。

例文 4

> 法律の勉強は楽しい。<u>しかも</u>、それは社会的に意義がある。

　例文 4 の場合、単に「法律の勉強は楽しい。そして、それは社会的に意義がある」という場合に比べて、「しかも」以降の文が法律の勉強の積極面をより強調する働きをします。

例文 5

> 　法とは何かという問いについては、人それぞれが日々の暮らしにおいて法とどのようなかかわり方をし、また法に対してどのような実践的関心をもっているかによって、その答えが変わってくるだろう。<u>しかも</u>、現代社会における法は、容易に言い尽くせないほどにさまざまなはたらきをし、そのあり方も実に多様である。
>
> （平野仁彦ほか、2002 年、24 頁より引用）

　例文 5 では、前半で、法とは何かに対する答えは法とどう関わるかによって異なり、多様であるとしています。さらに後半では、それを受けて、その上、法自体も多様なはたらきをするとしています。つまり、法の多様性は個人との関わりの複雑性に加え、法の存在自体の多様性が追加されているのです。「しかも」という追加の接続詞によって、最初の主張が同じ方向に強化されています。

〔むしろ〕

　接続詞「むしろ」は、「A ではない。むしろ、B」のように、2 つの選択肢があり、そのうちのどちらか一方を選択することを表す際に使われます。「むしろ」の前の文である最初の選択肢 A がまずは否定されます。つまり、否定文になっているということです。しかし、A が否定されているだけではなく、B の方が肯定的に扱われるという特徴があります。前半に否定が現れ、後半に肯定が現れるということです。実際に目にする文章においては、選択肢の最初の A が否定され、後者の B を選ぶ際、B の方が肯定的に扱われるという形式が明確でないものもあるので注意して読みましょう。

例文6

> 　哲学の伝統的特質は、その原語である philosophia（知を愛し求めること）が示しているように、自由な批判と徹底的な反省によって問い続けるという考察姿勢にみられ、現在でも、社会一般の常識では自明とされていることや諸々の個別科学が当然の前提としている原理・観念の批判と反省が哲学の基本的課題だとみてよいであろう。哲学は、このような性質の故に、常識や科学よりも高次の知とみられているけれども、常識や科学を一方的に批判するだけでなく、<u>むしろ</u>、共通の問いについて諸々の科学やその時々の常識とたえず対話し、それらの知見に照らして自己反省と相互批判を続ける姿勢が重要である。また、哲学と科学の境界線も明確ではなく、つねに流動的であり、<u>むしろ</u>、哲学が価値をもつためには、諸々の科学的知見の基盤に支えられていなければならず、逆に、どのような個別科学も何らかの哲学的契機を内含しているのが通例である。
>
> （田中成明、1994年、12-13頁より引用）

　最初にある「むしろ」の前後の文を読むと、「哲学は、このような性質の故に、常識や科学よりも高次の知とみられているけれども、常識や科学を一方的に批判<u>するだけでない</u>」とまず前半が否定されています。「むしろ」の後の文では、「共通の問いについて諸々の科学やその時々の常識とたえず対話し、それらの知見に照らして自己反省と相互批判を続ける姿勢が重要である」と後者が肯定されています。

　また、2番目に登場する「むしろ」の前半は、「哲学と科学の境界線も明確ではない」と否定され、「むしろ」の後は「哲学が価値をもつためには、諸々の科学的知見の基盤に支えられていなければならず、逆に、どのような個別科学も何らかの哲学的契機を内含しているのが通例である」とする肯定的内容が強調されています。

2-3-2　解説・換言するときに使う接続表現
：つまり、すなわち、言い換えるなら

　解説をする場合に使われる接続詞には、「つまり」、「すなわち」、「言い換える

なら」、「まとめると」、「要約すると」などがあります。これらの接続詞の後に書かれる内容は、当該の接続詞より前に言っていることを、ⓐまとめて述べる、ⓑ大雑把に示し、ついで内容を詳しく述べる、ⓒさらに分かりやすくする、という機能をもっています。解説の接続詞の前後では、その内容の抽象度に変化がなくてはなりません。「つまり」、「言い換えるなら」の前で言っている抽象度が比較的高く分かりにくい表現を、「つまり」、「言い換えるなら」より後では、より分かりやすい具体的な表現に変えるということです。

〔つまり〕

例文 7

合衆国建国初期には、ほとんどの州で連邦裁判所と同じような裁判所制度を採用していた。<u>つまり</u>、知事が裁判官を任命し、これに議会が承認を与えるという典型的な制度である。

（ダニエル・フット、2007 年、79 頁より引用）

例文 8

このうち安八訴訟については、1982（昭和 57）年 12 月 10 日に岐阜地裁民事第 2 部が原告（住民）側ほぼ全面勝訴（一部認容、一部棄却）の判決を言い渡した。これに対して、墨俣訴訟については、1984（昭和 59）年 5 月 29 日に同じ岐阜地裁民事第 2 部が原告（住民）側全面敗訴の判決を下した。<u>つまり</u>、同一の水害について提起された 2 つの訴訟が、同一の裁判所の同一の部において審理されたにもかかわらず、一方は原告勝訴、他方は原告敗訴という正反対の裁判結果がもたらされることとなったのである。

（高橋文彦、2013 年、1 頁より引用）

　例文 7、例文 8 ともに、前半の内容を述べた後に、「つまり」という接続詞を使い、同内容を別のより一般的で分かりやすい表現に変えて解説しています。「つまり」の使用法として適切な例です。

「つまり」が帰結を導くときに使われる例

「A、つまりB」という場合、BがAの結論になっている文章を見かけることがあります。たとえば、「①人込みの駅のホームや、学生であふれている校内の階段で、歩きながらスマホを使うのはとても危険である。つまり、②他者に対して配慮するべきなのだ」がそれにあたります。この場合、「つまり」以降の②が①の言い換えになっているわけではなく、①から導いた結論になっています。このような使い方が実際にあることは認めつつも、本書ではこのような使い方は推奨していません。

〔すなわち〕

例文9

キャリアシステムをとる日本の裁判所では、裁判官は約3年ごとに配置転換されるのが普通である。これは、事件を担当する裁判官が審理の最中に1人か2人交代することが稀でないことを意味する。実際、審理が長期化した場合、当初事件を担当した合議体の3人の裁判官が順々に交代し、場合によってはもう一巡することもありうる。私の理解するところでは、このような交代（いわゆる刑事裁判における公判手続更新、民事裁判における弁論の更新）には当事者の同意が必要なはずだが、当事者（たいていは、その弁護士）は当然のように同意している。日本の司法は、直接主義・口頭主義にのっとると謳っている。すなわち、審理の核心は法廷での口頭の証言にあり、裁判官が判決を下すにあたっては証言の内容のみならず関連する証人の立ち居振る舞いなども評価するのが原則とされる。

（ダニエル・フット、2007年、16-17頁より改変）

「すなわち」も「つまり」と同様に、直接主義・口頭主義という抽象的な表現を、「審理の核心が法廷での口頭証言に置かれ、その内容と並んで証人の立ち居振る舞いなども評価する」という、より具体的な解説に変えています。

2-3-3　論証するときに使う接続表現（帰結を導く接続表現）
　　　　：だから、したがって、なぜなら

論証とは何かについては第3章で詳細にお話しします。ここではごく簡単に

「論証とは、主張と根拠を対にして提示すること」としておきます。そして、論証の接続詞とは、帰結として結論を導く場合や、主張を支持する何らかの理由を出したりするときに使う接続詞のことを指します。帰結、結論を導く場合には、「だから」、「したがって」などを使います。一方、理由を示す場合には「なぜなら」、「というのも」、「その理由として」などを使います。

　また、「これは専門書なので」、「このラーメンはおいしいから」のように、文節の末尾につけられる「……ので」、「……から」も結論を導く場合に使われます。「これは専門書なので……」は「これは専門書だ。だから……」と同じことです。「だから」、「したがって」のように文から独立せずに使われるため、それが結論を導くための表現であることに気がつかないこともあるので注意が必要です。

〔したがって〕

例文10

> ①アメリカ合衆国の裁判官には、自らの個性を示す機会が多くあり、実際に多くの裁判官がその機会を行使している。したがって（だから）、②裁判官には、たとえばリベラルか保守派か、厳格か寛容か、緻密かいい加減か、といった評判が立つことになる。裁判官も党派（民主党、共和党）に属していることが多い。
>
> （ダニエル・フット、2007年、25頁より改変）

　例文10では、文①を根拠にして文②を結論として導いています。繰り返しますが、注意が必要なのは「つまり」の用法との違いです。「A、つまりB」という場合には、BはAの言い換えですから、AとBは内容的には同じことを言っていなくてはなりません。しかし、「A、したがって（だから）B」の場合は、BはAの言い換えではなく、Aから推論して導いた結果がBになるわけです。この詳細は第3章で再度お話しします。

「したがって」が使われているが、論証していない例

例文 11

> 　A 君が 18 歳未満の未成年である（民法 4 条は、18 歳をもって成年とする）とすると、未成年だからという理由で契約を取り消し、契約をなかったものにできる。民法は、未成年者が契約などの法律行為をするときには、法律で定められた代理人（「法定代理人」という）である親の同意を得る必要があり（民法 5 条 1 項）、同意なしに行った場合には、本人または親が、その法律行為を取り消すことができるとする（民法 5 条 2 項）。<u>したがって</u>、A 君が未成年であり、親の同意なしに英語教材を購入した場合には、後日、A 君自身であるいは A 君の両親が、英語教材の売買契約を取り消せることになる。
>
> （池田真朗編、2020 年、24-25 頁より改変）

　例文 11 では「したがって」が使われていますが、その接続詞の前後の文の内容は同じことの言い換えで、論証されているわけではありません。本書ではここは「つまり」を使うことを推奨します。

〔〜から〕

例文 12

> 　①裁判における事実認定に関していえば、それは、生じた事実をあらゆる観点から正確に再現することを目的にしているわけではなく、法的に重要な事実、すなわち法規範の要件とされる事実のみを明らかにすることを<u>目的としているから</u>、②事実認定の前提として、適用可能な法規範の内容がある程度明確になっている必要がある。裁判における事実は、法規範を参照して、法的な視点からみられた事実であり、非法的な視点からみた事実ではない。
>
> （平野仁彦ほか、2002 年、204 頁より改変）

　例文 12 の下線部分は「文①……目的としている。だから、文②」と読む習慣をつけるといいでしょう。それによって、論証が生じている最小単位をつかむことにもつながります。

〔なぜなら〕

例文 13

> (a) 憲法 24 条は同性婚を禁止するものではない。なぜなら、憲法 24 条の趣旨は、戦前の制度を改めて戸主や親の同意を婚姻の要件から排除するところにあり、同性婚を想定してこれを禁止するものではないからである。　（オリジナル）
>
> (b) 精神的自由は経済的自由に対して優越的な地位を有する。なぜなら、精神的自由は、民主主義政治にとって必要不可欠であり、また一度不当に法規制されてしまうと民主的政治過程での自浄作用が期待できないからである。
>
> （駒村圭吾編、2021 年、113 頁より改変）
>
> (c) 契約の拘束力は、原則として当事者限りであり、第三者には及ばない。なぜなら、他人の決めたことに拘束されるいわれはないからである。　（オリジナル）
>
> (d) 不法な原因のために給付をした者は、その給付したものの返還を請求することができない（民法 708 条）。なぜなら、「自ら法を犯す者は法の助力を求めることができない」（クリーンハンズの原則）からである。　（オリジナル）

　例文 13 の「なぜなら」以降は、それより前にある主張や結論を支持することが書かれています。「なぜなら」以降で示される理由の内容や表現は、その前にある主張や結論の内容より具体的であるのが理想的です。しかし、「なぜなら」以降が必ずしも具体的でない例も多々あります。

2-3-4　何かを例に出すときに使う接続表現：たとえば

〔たとえば〕

　より具体的な事例を出すときには「たとえば」が使われます。「たとえば」は複数の異なる使い方があります。①何か抽象度の高いことについて話したあと、その内容を具体的に示す例を出す場合、②論証における「なぜなら」という理由を示す場合があります。

例文 14

> 異論が出て争いの原因になっている、またなりそうな事柄を決着させようとする場合、決定の方法としてはいくつかの選択肢がある。<u>たとえば</u>、次の首長を誰にするかを決める場合に、くじ引きをするやり方があり、演説の能力によってということもあり、また誰か信頼のおける権威者に決めてもらうこともできようし、公式な方式としてよく用いられる成員の投票によってということもあるであろう。
>
> （平野仁彦ほか、2002 年、177 頁より引用）

　例文 14 では、異論が出ている争いを決着させようとする際のいくつかの具体的選択肢が「たとえば」以下に示されています。この「たとえば」の使用法が基本的使用法です。次の例文 15 の事例も基本的な使用になっています。

例文 15

> 公務員も憲法 28 条にいう「勤労者」に該当するとはいえ、一般企業の労働者に比べて、その権利は大幅に制限されている。<u>たとえば</u>、各種の法律により、自衛隊員、警察職員、消防職員、海上保安庁職員、刑事施設職員については団結権すら認められていない。
>
> （駒村圭吾編、2021 年、152 頁より引用）

2-4　逆接の接続

　ある主張に対し、その主張の方向や流れを変えるような対立的主張が出される場合、逆接の接続詞、接続語句が使われます。逆接の接続詞には、⑴転換、⑵制限・補足、⑶対比、⑷譲歩、があります。それぞれ実際に例をみていきます。

2-4-1　転換するときに使う接続表現：しかし、しかしながら、〜だが

　ある主張 A が出され、それに対立する主張 B が続く場合に、逆接の接続関係が生じます。ここで注意したいのは、主張 A と主張 B のどちらにより重点が置かれるのか、より言いたいことはどちらなのかによって逆接の接続詞「転換」

と「制限」の区別が生じるということです。

　一般的には「A、しかしB」「Aだが、B」という場合、Bの方が強調したい、言いたいことです。このように、主張Aが述べられますが、その直後で主張Bが登場し、主張Aに代えて主張Bを強調したいような場合を「転換」とします。

　転換を示す接続表現には「しかし」、「しかしながら」、「〜だが」があります。

〔しかし〕

例文16

> 　法規範は、古代・中世には道徳規範や宗教規範などとは未分化の状態にあった。しかし、社会生活や統治機構が複雑化する近代になると、法の制定・運用の国家化が進むにつれ、道徳・宗教などの社会規範から法規範が次第に分化独立するにいたった。
>
> （平野仁彦ほか、2002年、29頁より引用）

　例文16の前半は法規範が未分化の状態であるとしていますが、ここでより重点が置かれている主張は「しかし」以降の「法規範が分化独立に移行している点」です。

〔だが〕

例文17

> 　①現代国家のもとでは、老齢・傷病・失業などに備える社会保障は、国家の重要な役割とされているが、各種の年金や医療保険の保険料の強制拠出制度も、パターナリズム的干渉の一種であろう。②例えば、高齢化社会の進行とともに、退職後の生活に備える必要は一段と高まっているが、多くの人は現在のことに追われて、将来の準備にまではなかなか手がまわらない。③それ故、収入のあるうちに、その一部を保険料として強制的に拠出させて、退職後の必要に備えさせることは、本人のためだと言われる。だが、④年金などの社会保険制度は、パターナリズム的理由だけでなく、他の公益的理由によっても正当化でき、むしろ公益的

理由のほうが重要かもしれない。

（田中成明、1994 年、151 頁より引用）

　議論の流れを ← の方向を使って確認しておきます。ここでより重点が置かれている主張は「だが」以降の④になります。

① 現代国家のもとでは、老齢・傷病・失業などに備える社会保障は、国家の重要な役割とされているが、各種の年金や医療保険の保険料の強制拠出制度も、パターナリズム的干渉の一種であろう。（→）

③ 収入のあるうちに、その一部を保険料として強制的に拠出させて、退職後の必要に備えさせることは、本人のためだと言われる。（→）

④ だが、年金などの社会保険制度は、パターナリズム的理由だけでなく、他の公益的理由によっても正当化でき、むしろ公益的理由のほうが重要かもしれない。（←）

転換の使用法で注意が必要な場合

　　　　⒜　この薬は安価(A)だが、効果がある(B)。
　　　　⒝　この薬は高価(A)だが、効果がある(B)。

　⒜の場合は、安価と効果が対立して転換が生じているわけではありません。一般に安いものはあまり品質が良くないという否定的な印象があります。ところが、その否定的印象に反して、効果があることは肯定的な印象をもたらします。つまり、ここで対立しているのは安価が持つ否定的な印象と効果が持つ肯定的印象が対立していることになります。

　⒝の場合も、⒜と同様に、高価という否定的な印象と、効果があるという肯定的印象が対立しています。

　このような事例にあるとおり、(A)と(B)が直接に対立しているのではなく、(A)(B)のそれぞれから予測、予想され、帰結されるもの同士が対立している場合があります。

例文 18

　死刑制度は犯罪防止の効果がある。しかし、人間を殺すことには変わりなく、

死刑制度には反発も強い。

例文 18 は、使うときに注意が必要な例です。この場合、「効果」と「反発」が直接に対立しているわけではありません。「犯罪防止効果があることはいいことである」という肯定的な側面と、その効果が死刑によってもたらされるという否定的な側面が対立しています。その意味では対立する事柄が明示的になっていません。

2-4-2 制限・補足するときに使う接続表現：ただし、もっとも

制限・補足とは但し書きのことです。接続詞「ただし」、「もっとも」が使われます。たとえば、「この本は子ども用に書かれている。しかし、内容は難しい」という場合は、「内容が難しい」ことが主張です。この場合は後半が重視されていますので転換が生じています。一方、「この本は子ども用に書かれている。ただし、内容は難しい」という場合、あくまでも主張は前半の「この本は子ども用に書かれている」であり、内容の難しさはそれを補足しています。

〔ただし〕

例文 19

明治維新以前の日本の裁判所制度をみると、その権限が広く分散されていたことが分かる。幕府と藩は、それぞれ支配する領域ごとに裁判制度をもっていた。ただし、これらの裁判所は行政機構の一部であって、機関として独立していたわけではなかった。

(ダニエル・フット、2007 年、61 頁より改変)

〔もっとも〕

例文 20

法が自立性を保つ上で重要なのは、法規範独自の「規範性」である。規範性とは規範がもつ拘束力であり、一定の行為・判断・評価をするようその名宛人を

義務づける力である。<u>もっとも</u>、拘束力とか義務づけ力といっても、それは物理的な強制力を意味するのではない。規範性とは、そうした物理的強制力に支えられながらも、それに還元されることのない指図的な要求である。

（平野仁彦ほか、2002 年、30 頁より改変）

例文 21

①相関関係とはある 1 つの事柄がもう 1 つの事柄と共変関係にある場合に両者の関係の強さ示す指標である。②たとえば A さんをゴルフに 10 回誘ったらそのうち 9 回は雨が降ったという場合、A さんがゴルフに参加した回数と雨降りの回数の間には強い相関関係があるといえる。<u>しかし</u>、③そうだからといって、A さんが雨を降らした原因であるというわけではない。

（オリジナル）

　この「しかし」の使い方を「転換」としてみると、③の主張は②のどの部分について対立するのかが明らかではありません。そもそも、相関関係（ゴルフに誘った回数とその日が雨だった回数）と因果関係（雨雲が雨を降らす）は別のことですから、「しかし」で転換して③の方に重きをおく必要はありません。ですから、この「しかし」は「もっとも」「ただし」の意味で使われたのであり、本来は「ただし」とするべきだったのです。

　ちなみに、2 つの出来事に因果関係がある場合は、両者に必ず相関関係があるのですが、相関関係があるからといって必ずしも因果関係があるわけではないのです。例文 21 ではその解説がないまま、③が書かれているので、文章が完結していません。

2-4-3　対比するときに使う接続表現：一方、他方、それに対し、だが、しかし

　「しかし」は転換のところにも登場しましたが、対比という文脈でも使われます。対比の接続詞を使う場合には、対比される 2 つの対象間に**共通点と相違点**がなくてはなりません。たとえば、「この本は読みやすいが、あの本は読みにくい」という場合、両者には本という共通点と、読みやすい、読みにくいという

相違点があります。これを満たしていないと対比にはなりません。

〔これに対し〕

例文 22

> 　日米の最高裁判所における在任期間のこのように劇的な違いは2つの意味で、日本の名もない顔もない裁判所とかかわってくる。第1のもっとも明白な点は、日米の最高裁判官が人々の目に触れる度合いの違いである。日本の最高裁判所は15人の裁判官からなるが、実際の在任期間は平均して6年にも満たず、毎年2人から3人の裁判官が交代していく。これでは、現役の裁判官の名前を毎年フォローするだけでも大変であり、個々の裁判官がどのような経歴や見解の持ち主かを感覚的につかむとなると、よほど熱心な人を除いてほぼ不可能である。これに対して、合衆国の連邦最高裁判官は9人しかおらず、そこで20年以上も裁判官を務めることも少なくない。このため、連邦最高裁判所で1人も裁判官が交代せずに3、4年が経つことも珍しくはない。
>
> 　　　　　　　　　　　　　（ダニエル・フット、2007年、118頁より引用）

　例文22では、日米の最高裁裁判官が比較における共通点です。そして、相違点はその在任期間です。

〔一方、他方〕

例文 23

> 　国家の枠組みについてみても、一方では、国際平和の実現など、よりいっそうの国際協力に向けて主権の一部を国際機関に委ねる面が強くなっているとともに、他方では、中央集権体制をゆるめて地方分権を進め、たとえば災害対策や高齢化社会対策などの面において、地域自治の活性化をはかるという具合に、2つの傾向に従う権力機構の再編が事実として進行しつつある。人権保障についても同様のことがいえるであろう。国際人権規約は、国、民族、人種、性別、宗教などにかかわりなく、普遍的に人々を個人として尊重することを求める。しかし他方において、文化相対性の主張とともに、そうした普遍的人権保障の要請を内政干渉

と捉えたり、個々人が社会的に特殊な位置づけをもつ存在であることを根拠にそれを斥ける議論が展開されている。

（平野仁彦ほか、2002 年、3-4 頁より引用）

　例文 23 の前半では、共通点として「国家の枠組み」が取り上げられ、相違点としては「主権の一部を国際機関に委ねる」という統合に対して、一方、「中央集権体制をゆるめて地方分権を進め、地域自治の活性化をはかる」が対比的に扱われています。さらに、後半にある「しかし他方において」の前では、「国際人権規約が普遍的に人々を個人として尊重することを求める」のに対して、「しかし他方において」の後では「文化相対性の主張とともに、普遍的人権保障の要請を内政干渉と捉える」スタンスを相違点として比較しています。

　接続詞をより正確に使うのであれば、「国際人権規約」の前に「一方で」を入れるといいでしょう。そうすることによって、「しかし他方において」と対になります。

2-4-4　譲歩するときに使う接続表現：確かに、もちろん

　譲歩とは、誰かがある主張をしていて、その主張に自分も一旦は同意し、しかし、その後に自分が本来主張したかったことを提示するような場合です。譲歩の接続詞には「確かに」、「もちろん」があります。

　たとえば、「確かに、この法学書は入門書だ。しかし、難しすぎる」という使い方です。「確かに」を使う場合、発言の内容は自分自身に向かって発せられているのではなく、「誰か」に向けて言う場合に使用する接続詞です。たとえば、相手は「この法学書は入門書だ」と主張しているとしましょう。そこで、こちらも「一旦は入門書であることは認めよう」と相手の主張にまずは譲歩して同意します。この後、「しかし、難しすぎる」と自分の主張を述べるときに使います。

　「もちろん」も同じように使われますが、「確かに」がある特定の相手の主張に対しての譲歩として使われるのに対して、「もちろん」はより広い「世間がそう言っている」という一般的通念に対して譲歩して、その主張にまず同意するニュアンスがあります。一旦譲歩し、その後自分の主張をするため、全体とし

て「確かに」、「もちろん」と言っておいてから、「しかし」という形式になります（野矢、1997）。

〔確かに〕
例文 24

> 確かに、これらの要素は候補者の適正の判断に十分関連性がある。最終的な判断も、すべての要素を候補者ごとに個別に評価し、総合的になされなければならない。列挙された考慮要素も、これがすべてというわけではなく、これ以外の事実が決定的な要因となりうる。しかし、この判断基準はあまりにも抽象的で、またさまざまな資質を（たとえば「決断力」と「慎重さ」など、正反対とさえ思われるものまで）列挙しているため、さらに細かな解説や具体例がない以上、結局は一般的な叙述にとどまらざるをえない。
>
> （ダニエル・フット、2007 年、215 頁より引用）

「確かに、これらの要素は候補者の適正の判断に十分関連性がある」と一旦は認めています。認めたのはそこまでで、次第にそれに対する問題点を提示し始め、「しかし」以降はこの著者の本音が出てきています。

例文 25

> 確かに、法は、道徳・宗教などと同様、社会規範の一種であり、法の規範的な特質や機能が具体的には実定法の個々の条文の法規範としての規定内容にみられることから、法規範を法全体の理解の中心ないし出発点にすえること自体には問題はない。けれども、法の全体像の理解にとってより重要なことは、個々の実定法規範は、一定の制度的仕組みのもとにあってはじめて、法規範として存在し、その規定内容を具体的に実現し、予定された機能を埝実に果たすことができるということである。他の社会規範と異なった実定法独特の規範的な特質と機能も、法がこのように「制度化されたシステム」であるところにみられるのである。
>
> （田中成明、1994 年、33 頁より引用）

最初に「確かに」といっておき、これこれしかじかの理由により、「法規範を法全体の理解の中心ないし出発点にすえること自体には問題はない」とまずこの主張には譲歩して一旦は同意します。その後、「けれども」と始めて、「個々の実定法規範は、一定の制度的仕組みのもとにあってはじめて、法規範として存在し、その規定内容を具体的に実現し、予定された機能を現実に果たすことができる」ということが、法の全体像の理解にとってより重要であるとする自分の主張を強調しています。

2-5　本章で学んだこと

　一般に、私たちが何かを書く場合に、まずは「思いついた文を思いついたままに書き連ねる」ことから始めます。実は、何かを書き始めるには、これ以外の方法はありません。しかし、その時、私たちは文と文の関係、つまり接続関係についてあまり考えていません。ですから、一旦書いたものを、振り返りながら、順接、逆接の接続詞を使って文と文の関係を再度考え、論理的に整えることが必要です。さらに、接続詞の適切な選択と接続詞の前後にある文の意味内容の正確な理解とは表裏一体であることも意識して読み書きを実践することが大事です。なぜなら、このように文と文の間の関係を整えることにより、他者に対しても自分に対しても理解しやすい文章になるからです。繰り返しますが、論理とは複数の事柄の間の関係性のことですから、まさに、接続詞を正確に使うことと論理的であることは表裏一体といえます。

　また、一見論証していないような文章であっても、ひとつひとつの文を丁寧に読み、文と文の間の関係に注意を払うと、そこに論証が潜んでいることが見つかる場合があります。それを発見するときの手がかりとなるのも接続詞（例：「だから」、「なぜなら」を挟んでその前後の関係を検討する）です。

問1 ▶ [　] の中から適切な接続詞を選びましょう。

【文中の○番号は著者がつけたものです（以下同じ）】

①憲法 21 条 1 項が保障する表現の自由は、民主主義社会において特に重要な権利として尊重されなければならず、被告人らによるその政治的意見を記載したビラの配布は、表現の自由の行使ということができる。(a) [そして／つまり／しかし]、②憲法 21 条 1 項も、表現の自由を絶対無制限に保障したものではなく、公共の福祉のため必要かつ合理的な制限を是認するものである。(b) [すなわち／したがって／なぜなら]、③たとえ思想を外部に発表するための手段であっても、その手段が他人の権利を不当に害するようなものは許されないというべきである。

(最判平成 20・4・11 刑集 62 巻 5 号 1217 頁（1224-1225 頁）より改変)

問2 ▶ [　] の中から適切な接続詞を選びましょう。

①解釈のスタート・ラインは、制定法の条文の文法的意味を確定するところにあります（文理解釈）。このことの重要性はいくら強調しても足りません。(a) [そして／すなわち／もちろん]、②文理だけによっては解釈が定まらない場合も多く、講義ではそのような場合が好んで取り上げられますので、ともすれば、文理解釈は重要でないような気がしてしまうかもしれません。(b) [つまり／しかし／もっとも]、③そうではありません。制定法が言葉で書かれているものである以上、その言葉的な意味が出発点となります。(c) [すなわち／そして／なぜなら]、④文理解釈によってスタート・ラインが定まるとき、そこから離れる解釈をするためには、かなりの根拠が必要とされます。

(道垣内弘人、2017 年、23-24 頁より引用)

［　］の中から適切な接続詞を選びましょう。

①憲法改正に関して、日本国憲法の制定過程でアメリカによる「押し付け」があったことを問題視して、日本国民が自分たちの手で憲法制定すべきだと主張されることがある。(a)［確かに／すなわち／なぜなら］、②アメリカによる「押し付け」があったことは否定できない。(b)［つまり／しかし／もっとも］、③そこから直接に自主憲法制定という主張に結びつかないはずである。(c)［そして／すなわち／なぜなら］、④国民主権の原理もまたアメリカに押し付けられたものであるにもかかわらず、「押し付け」を問題視して憲法改正を主張するというのは一貫した態度とはいえないからである。(d)［言い換えれば／まとめると／たとえば］、⑤押し付けられたもののうち、都合のいいものだけを受け入れ、その他は「押し付けだから変更すべきだ」と主張しているようなものである。(e)［そして／すなわち／だから］、⑥このような主張は、論理を重視する学者からの支持はほとんどない。

（駒村圭吾編、2021 年、17 頁より改変）

問4 ［　］の中から適切な接続詞を選びましょう。

①もめごとや紛争は、人間が相互作用をして生きていく上で、ある程度の確率で生じることであり避けられない。(a)［だから／もっとも／つまり］、②裁判までゆくことなく、関係者の間で話し合い交渉で解消されるに越したことはない。(b)［しかし／一方／確かに］、③法などない方が良いかもしれない。(c)［しかし／なぜなら］、④法なしには人も社会も存立しえない。(d)［つまり／むしろ／もちろん］、⑤どんなに日常的で些細に思われる活動も、法的な制御の直接的ないし間接的な対象である。(e)［つまり／だから／たとえば］、⑥朝食にコーヒーを飲むか紅茶にするかの選択も、法的制御を受けている。(f)［ただし／むしろ／なぜなら］、⑦朝食にコーヒーを飲むことを法が強制したり、禁止したりすることなく、個人の自由権として法的保護を与えられているのだから。(g)［したがって／しかも／確かに］、⑧他人が紅茶を選択しろと強制してきても拒否できるし、無理やり飲まされれば相手に対して強制行為の差止めや損害の賠償を請求したり、警察を呼んで助けてもらうことができるの

である。

（太田勝造、2020 年、1 頁を参考に作成）

問5 ［　］の中から適切な接続詞を選びましょう。

①（仮説→検証→新たな仮説という）サイクルを繰り返すことで、仮説をアップデートしていき、現実世界をよりうまく説明できるようになることにつとめるのが、科学だ。(a) ［したがって／しかし／しかも］、②法学は、このような意味での科学ではない。法学が取り組むのは、どのような法ルールであれば、それが目指すより良い社会を実現できるか、という問題だ。(b) ［だが／むしろ／ただし］、③この問題に対する「正解」はない。(c) ［なぜなら／ただし／だから］、④そもそも、何が「より良い社会」（社会目的）なのかについては、人によって意見が違うからだ。(d) ［しかし／ただし／しかも］、⑤その目的を実現するために、どのような要件・効果の組み合わせが望ましいのかについても、時代背景・社会背景などに応じて答えは変わってくる。

（森田果、2020 年、115 頁より改変）

問6 ［　］の中から適切な接続詞を選びましょう。

①売買などの契約の場合と異なって、婚姻の場合には、なぜ、届出や宣誓といった一定の成立方式を要求するのだろうか。(a) ［だから／むしろ／なぜなら］、②当事者の婚姻意思の確認、婚姻障害事由の確認、ならびに、婚姻関係を公示して人の家族関係を明らかにする必要があるためである。(b) ［したがって／ただし／一方］、③日本の場合、婚姻届は郵送でも提出できるので当事者の婚姻意思を十分に確認できるとまではいえない。(c) ［確かに／むしろ／だが］④民法では、婚姻障害がないことを認めた後でなければ届出を受理できないと規定している。(d) ［ただし／しかし／もちろん］、⑤戸籍係には形式的審査権があるにすぎないので、そうしたチェックも十分とはいえない。(e) ［しかも／だから／つまり］、⑥当事者の婚姻意思を実質的に審査したり、自署かどうかの確認もできないのである。

（池田真朗編、2020 年、56 頁より改変）

問7 [　] の中から適切な接続詞を選びましょう。

　①法的紛争とは法律関係に関する紛争である。ここで、「法律関係」とは権利義務関係のことである。(a) [だから／つまり／そして]、②法的紛争とは権利義務の存否に関する争いということになる。それでは、権利や義務の存否をどのようにして判断すればよいのだろうか。そのために法規範が必要となる。

　③法規範は要件と効果から成り立っている。(b) [だから／もっとも／すなわち]、④法規範は、基本的に「○○ならば、△△である。」という形になっており、この、「○○ならば」のところが「要件」、「△△である」のところが「効果」である。(c) [もっとも／しかし／だから]、⑤条文によっては、必ずしもこの形になっていないこともある。(d) [むしろ／しかし／つまり]、⑥少なくともこの形に言い換えることが可能である。(e)[その一方で／たとえば／しかも]、⑦民法 555 条は、「売買は、当事者の一方がある財産権を相手方に移転することを約し、相手方がこれに対してその代金を支払うことを約することによって、その効力を生ずる」と定めている。これは、「(1)当事者の一方がある財産権を相手方に移転することを約し、相手方がこれに対してその代金を支払うことを約したならば、(2)そのとおりの効力を生ずる」と言い換えることができる。この(1)が民法 555 条の定める法規範の要件である。(f) [しかし／しかも／ただし]、⑧法律の条文の中には、一般的な原理・原則を示したり、用語を定義したりするものなど、法規範を定めているわけではないものもある。

　⑨法規範の要件を充足する具体的事実の存在が認められると、その法規範の定める効果の発生、つまり権利義務の発生が認められる。(g) [したがって／たとえば／すなわち]、⑩A が甲土地の所有権を 5000 万円で B に移転することを約し、これを B が承諾したとしよう。これらは、民法 555 条の要件を充足する具体的事実である。(h) [すなわち／したがって／けれども]、⑪同条の定める効果、つまりその内容どおりの効力が発生する。(i) [すなわち／だから／それゆえに]、⑫売主 A には 5000 万円の代金請求権が、買主 B には、甲土地の引渡請求権および移転登記請求権が発生する。

（オリジナル）

問 8 次の文章の（a）〜（e）に適切な接続詞を入れてください。

　　A教授は伝統的な法律学の「科学性」に対して根本的な疑問を提起した。A教授によれば、実用法学の対象となる「法」は、「法的価値判断」と「ことば的技術」という2つの要素を含んでいる。①このうち、「法的価値判断は、単なる判断主体の主観的意見にとどまるものではない。（a）②法律解釈の争いは単なる“見解の相違”ではないのである。」（b）、③「価値判断の内容は、共通の社会的価値によって動機づけられる人々の範囲の大きさだけ客観性をもつ」からである。（c）、④A教授によれば、「ある価値判断が“正しい”かどうかは価値体系を支持する人々の数の多少で決まるものではなく、（d）⑤一定の価値体系の選択という実践行動によって決せられる。」（e）、⑥A教授理論においても、「諸々の価値体系の中のいずれが“正しい”かは、結局どの価値体系の立場から判断するかということにかかってくるのであり、この意味ではその“正しさ”は相対的な意味しかもちえない」ことになる。「ある1つの価値体系の権威を絶対的なものとして、それに基づく“解釈”を主張する法律学は、ただ神学と同じ意味においてのみ“学問（教義学）”であるに過ぎず、“科学”ではない」という結論を認めざるを得ない。

（高橋文彦、2013年、195頁より改変）

問 9 次の文章の（a）〜（f）のどこかに、接続詞「もちろん」「しかし」が対として入ります。「もちろん」「しかし」が入る箇所のアルファベットを答えてください。

　　（a）当人の意思能力が欠如ないし不十分な状態において、本来なら本人が承認するはずだという意味での本人の意思の所在を確認しようとするのは、ある意味で矛盾した要請に応えようとするものである。（b）実際問題としてもきわめて難しい。（c）意思能力の欠如ないし不十分な状態に陥るに先立って、そのような状態に陥った場合の対処について本人の意思が事前に確認できているならば、それが著しく非合理なものでないかぎり、それに従うべきであろう。（d）意思能力の欠如ないし不十分な状態にある当人に、そうした状態に陥った場合の対処について事前の意思が確認できていない場合や、あ

るいは当人の意思が確認できてもそれが著しく非合理である場合がある。（e）それは当人の保護のために介入することの正当性が深刻な問題となる。（f）これこそ、パターナリズムの是非が問題となる典型的なケースといってよいであろう。

（平野仁彦ほか、2002 年、77 頁より改変）

問10 次の文章の（a）～（e）に適切な接続詞を入れてください。

　①アメリカ合衆国の裁判官は、就任するまでにすでに仕事のしかたや見解をあらかた固めており、それを一定の標準に合わせることは期待されていない。（a）、②どのような行動が裁判官として適切かについては、裁判官倫理綱領の詳細な規定を含め、さまざまな規範が確立している。（b）、③こういった規範に反しない限り、彼らには、裁判の進行や判決の執筆に際して、自らの流儀を貫く余地が残されている。（c）、④ある裁判官は韻文によって判決を著したことで注目を浴びたケースがある。議会の意思や判例を尊重することは、合衆国においても重要な理念だとされているが、ここでも、社会のニーズや事件の具体的な事実関係に合うように制定法を解釈したり判例を発展させたりして、裁判官が法を発展させてきた確固たる伝統が存在する。（d）、⑤合衆国の裁判官は、法の適用にあたってかなり柔軟な判断をすることができ、判決の理由づけやさらには結論そのものでさえ裁判官の見解によって異なりうる。（e）、⑥最後に連邦最高裁判所についていえば、裁判官はその長い在任期間を通じて法形成をしていくことができ、また一般市民の目に触れる機会にも恵まれる。

（ダニエル・フット、2007 年、121-122 頁より改変）

問11 次の文章における接続詞の誤りを指摘してください。

　①改革審は、経験豊かな弁護士から裁判官を任命するような制度を一挙に実現すべき、との提案をしようとはしなかった。しかし、②改革審は、裁判官になるには、従来どおり司法研修所を修了するとともに直接判事補に任命されるのが主要な進路だということを、はっきり認めている。③改革審はま

た、裁判所が世間の人の考え方からかけ離れていたり、あまりにずれていたりするとの見解を示したわけでもない。むしろ、④このような問題意識は、改革審の意見書に暗に示されている。⑤それは、「真に国民の期待と信頼に応えうる司法（法曹）をつくり育てていく」といった言葉が使われ、「多様で豊かな知識、経験等を備えた判事」を確保する必要があると繰り返し説かれているところからもうかがい知ることができる。

（ダニエル・フット、2007 年、195 頁より改変）

問12 次の文章の（a）〜（d）に適切な接続詞を入れてください。

①生命保険が掛けられていれば、死亡時には死亡保険金請求権が発生します。（a）、②「人の死亡にまつわる法律問題」には、生命保険に関する法律問題が含まれます。（b）、③生命保険に関する法律問題は、死亡のときだけ生じるわけではありません。（c）、④疾病特約が付いていれば、病気になっても生じます。また、⑤保険には、生命保険だけでなく、損害保険というものがあります。火災保険や自動車損害賠償責任保険というのがそれです。（d）、⑥生命保険と損害保険は、いずれも「保険」ですから、そこには多くの共通のルールが存在します。

（道垣内弘人、2017 年、49 頁より改変）

問13 次の文章の（a）〜（i）に適切な接続詞を入れてください。

①刑罰という制裁は強力であり、劇薬のような副作用（資格制限や犯罪者としての烙印）を伴うものであるから、何を刑法の対象とするかの判断にあたっては、本当に刑罰をもって抑止する必要のある行為か否かを慎重に判断しなければならない。②これを「刑法の謙抑性・補充性」という。（a）、③刑罰とは、人間の規範違反的行為をコントロールするための「最後の手段（ultima ratio）」なのである。（b）、④刑法は、重要な法益侵害であっても、そのすべてを刑罰の対象とはしていない。⑤このことは、民法 709 条がすべての故意・過失にもとづく不法行為について損害賠償責任を認めていることと対比すれば明らかである。⑥これを「刑法の断片性」という。（c）、⑦通

常の債務不履行のように民事賠償にまかせれば足りるものや、営業免許の停止や取消しで制裁として十分な場合にはあえて刑罰を科す必要はない。（d）、⑧軽微な道路交通法違反についての交通反則金の制度も行政罰による刑事罰の代替の一例である。また、⑨昭和35年の改正まで、土地、建物という不動産が刑法235条の窃盗罪の客体と解されていなかったこともその一例である。（e）、⑩他人の土地を不法に占拠しても窃盗罪では処罰されなかったのである。（f）、⑪不動産は動産と違い、その所在が不明になることはないから、民事訴訟で返還させればよく、あえて刑事罰の対象とする必要はないと解されていたからである。（g）、⑫戦後の混乱の中で土地の不法占拠事件が続発し、他方、民事訴訟は機能麻痺におちいっていた。（h）、⑬もはや民事手続による十分な保護は期待できない状況にあり、刑罰によって抑止する必要があった。（i）、⑭刑法235条の2の不動産侵奪罪が新設されたのである。

（西田典之ほか、2019年、33頁より改変）

練習問題１の解答と解説

問1 (a) しかし (b) したがって

【解説】

(a) ①が表現の自由が保障されるという方向性なのに対し、②は表現の自由も制限されうるという逆方向の主張です。よって、(a)には逆説・転換の接続詞である「しかし」が入ります。

(b) ③は②と同様に表現の自由を制限する方向の主張ですから、(b)には順接の接続詞が入ります。そして、③は、②の解説でもないし、理由を示すものでもありません。②を理由として、あらたな主張をするものですから、(b)には「したがって」を入れるのが適切です。

問2 (a) もちろん (b) しかし (c) そして

【解説】

(a) ②は、①を一旦否定していますが、次の③の方が著者の主張です。ですから、ここには譲歩の接続詞の「もちろん」が入ります。

(b) ②では文理解釈は重要でないかもしれないと述べているのに対し、③はこれを否定しています。よって、(b)には逆接・転換の接続詞である「しかし」が入ります。

(c) ③では文理解釈が重要な理由を述べ、④は文理解釈が重要であることを前提に、文理解釈から離れる解釈をする場合の制限について述べています。いずれも同じ方向性ですので、(c)には順接の接続詞が入ります。そして、④は、③の解説でも例示でもなく、③を前提に、新たな主張を付加するものですから、(c)には「そして」が入ります。

問3 (a) 確かに (b) しかし (c) なぜなら (d) 言い換えれば
(e) だから

【解説】

(a) ②は、①における主張に一旦は同意しています。その後に反対の主張をする

ために譲歩した場合なので、(a)には「確かに」が入ります。

　(b)　②は一旦は譲歩していますが、③はアメリカによる「押し付け」を根拠に自主憲法を制定すべきと主張することを論理的に批判する内容ですので、(b)には逆説の接続詞である「しかし」が入ります。

　(c)　④は、③の主張の理由付けをしていて、「～からである」で終わる文章です。したがって、(c)には「なぜなら」が入ります。

　(d)　⑤は、④の例示ではなく、④を分かりやすく解説するものなので、解説の接続詞が入ります。そして、④をまとめて要点を述べているわけではなく、「一貫した態度とはいえない」という抽象度の高い分かりにくい表現を、分かりやすく具体的に言い換えて解説しているので、(d)には「言い換えれば」を入れるのが適切です。

　(e)　⑥は、⑤の一貫した態度とはいえないということを理由に、その主張は論理を重視する学者からの支持がほとんどないという結論を導いているので、(e)には論証の接続詞である「だから」が入ります。

問4　(a) もっとも　(b) 確かに　(c) しかし　(d) つまり　(e) たとえば
　　　　(f) なぜなら　(g) したがって

【解説】

　(a)　②は①の主張の制限であり、補足の役目をしています。(a)には「もっとも」が入ります。「ただし」でも構いません。

　(b)と(c)　③で「法などない方が良いかもしれない」といった他者の主張を認める態度を示していますが、その直後に本来の自分の主張をしています。ですから、ここは(b)に「確かに」を入れて、それを(c)の「しかし」で受けるパターンになっています。

　(d)　⑤は④の「法なしには人も社会も存立しえない」の言い換えになっていますので、(d)には「つまり」が入ります。

　(e)　⑥は⑤の「日常的で些細に思われる活動も、法的な制御の直接的ないし間接的な対象」の具体的な例示になっていますので、(e)には「たとえば」が入ります。

　(f)　⑦の文末は「……だから」という理由を述べる表現になっていますので、(f)には「なぜなら」が入ります。

　(g)　「⑦。だから、⑧」という論証をしていますので、(g)には「したがって」が入ります。

問5 (a) しかし (b) だが (c) なぜなら (d) しかも

【解説】

(a) ①で、「現実世界をよりうまく説明できるようになることにつとめるのが、科学だ」と述べているのに対して、②では、「法学は、このような意味での科学ではない」としています。ここで接続詞の前後の文は対立をしているわけではありません。そうではなく、両者を「対比」させているのです。そこで、逆接・対比の接続詞である「しかし」が入ります。

(b) ②では、法学が取り組む問題がどのような問題であるかを示しています。問題には何らかの正解があると思うところですが、③では、「この問題に対する『正解』はない」と、その思いに反することを言っています。したがって、逆接・転換の接続詞である「だが」が入ります。

(c) ④は、③の「この問題に対する『正解』はない」の理由になっていますので、理由を示す接続詞である「なぜなら」が入ります。

(d) ⑤は④に追加して、③の主張と同じ方向をさらに押し進めるための付加の接続詞である「しかも」が入ります。

問6 (a) なぜなら (b) ただし (c) 確かに (d) しかし (e) つまり

【解説】

(a) ①は「なぜ……だろうか」という問いかけの文です。その理由が②にあたり、文末が「……のためである」となっています。したがって、ここでは理由を述べるための「なぜなら」が入ります。

(b) 婚姻するには②の確認、届出が必要としていますが、当事者の婚姻意思を十分に確認できるとまではいえないとあります。つまり、③は②の内容に対する但し書きの役目をしています。(b)は「ただし」が入ります。

(c)と(d) ①では民法に規定が書かれている事実は認めていますが、⑤ではその規定が十分に機能していないことを指摘しています。⑤により主張したいことが書かれています。そこで、(c)「確かに」、(d)「しかし」の組み合わせが入ります。

(e) ⑥は⑤の内容の具体的な言い換えになっています。ですから、「つまり」が入ります。

問7	(a) つまり	(b) すなわち	(c) もっとも	(d) しかし	(e) たとえば
	(f) ただし	(g) たとえば	(h) したがって	(i) すなわち	

【解説】

(a) ②は、「法律関係」の意味を説明することで、①の「法的紛争とは法律関係に関する紛争である」を分かりやすく言い換えています。したがって、換言の接続詞である「つまり」が入ります。「だから」も入りそうですが、接続詞の前後で論証が行われているわけではないので、「つまり」のほうが適切です。

(b) ④は、③の内容を説明していますので、換言の接続詞である「すなわち」が入ります。

(c) ④では、法規範は「『○○ならば、△△である。』という形になっている」と述べつつ、⑤では、「必ずしもこの形になっていないこともある」と例外があることを述べています。したがって、制限の接続詞である「もっとも」が入ります。

(d) ⑤で、「この形になっていないこともある」と述べているのに対して、⑥では、「この形に言い換えることが可能である」と対比する内容を述べています。したがって、逆接・対比の接続詞である「しかし」が入ります。逆接の転換でも「しかし」が使われますので、その区別を注意してください。

(e) ⑦は、「○○ならば、△△である。」という形になっていないが、この形に言い換えることができる具体例として民法555条を挙げています。したがって、例示の接続詞である、「たとえば」が入ります。

(f) それまで、法規範の例として法律の条文を挙げて説明していたのに対して、⑧は法律の条文の中には、法規範を定めているわけではないものもあるとして、例外があることを述べています。したがって、制限の接続詞である「ただし」が入ります。

(g) ⑩は、⑨の具体例を述べています。したがって、例示の接続詞である「たとえば」が入ります。

(h) ⑩は民法555条の要件を充足する具体的事実が認められることから、⑪の民法555条の定める効果が発生するという結論が導き出されています。したがって、論証の接続詞である「したがって」が入ります。

(i) ⑫は、⑪を具体例に即して言い換えています。したがって、換言の接続詞である「すなわち」が入ります。

問8 (a) したがって／だから　(b) なぜなら　(c) しかし　(d) むしろ
(e) したがって／だから

【解説】
(a) ②の「法律解釈の争いは単なる"見解の相違"ではないのである」、という内容は、①の「法的価値判断は、単なる判断主体の主観的意見にとどまるものではない」の意味内容に含意されているわけではありません。つまり、②は帰納的論証により導かれたものです。そこで、「つまり」ではなく、帰結を導く「したがって／だから」が入ります。

(b) ③の文末が「客観性をもつからである」と、理由を述べる場合の表現になっていることが、ここに「なぜなら」が入る手がかりになります。ここでの論証は「A。したがってB。なぜならC」という形をとっています。Aを支える理由としてBとCが使われています。この構造については第4章で丁寧に取り上げます。

(c) ③では「価値判断の内容は、共通の社会的価値によって動機づけられる人々の範囲の大きさだけ客観性をもつからである」としてあり、価値判断の内容と人々の範囲の大きさが関係づけられています。そして、その直後の④では、「ある価値判断の正しさと価値体系を支持する人々の数量とを切り離すことの重要性」について言及しています。つまり、③の範囲の大きさの話題の方向をそのまま継続しておらず、話題の方向が変化しています。したがって、ここには逆接・転換の接続詞「しかし」が入ります。

(d) ④では「ある価値判断が"正しい"かどうかは価値体系を支持する人々の数の多少で決まるものではなく」としていて、ここでの主張の内容を否定しています。そして、⑤で筆者の最も言いたいことが述べられているので、ここには「むしろ」が入ります。

(e) ここでは④、⑤の文の内容を受けて、⑥の「価値体系のどれが"正しい"かは価値体系の立場から判断することになり、"正しさ"は相対的な意味しかない」という結論を導いています。この結論は④、⑤の内容には必ずしも含意されていないことです。なお、⑥の「A教授理論においても、『諸々の価値体系の中のいずれが"正しい"かは、結局どの価値体系の立場から判断するかということにかかってくるのであり、この意味ではその"正しさ"は相対的な意味しかもちえない』ことになる」という文では下線部分の表現からも分かるとおり、論証が生じています。つまり「いずれが"正しい"かは、結局どの価値体系の立場から判断するかということにかかってくる。だから、この意味ではその"正しさ"は相対的な意味しかもち

えないことになる」という論証です。そこで、(e)には「したがって／だから」が入ります。このように思考内容を小さな単位で切り出すと、原文には明示されていない論理関係が見えてきて、そこには接続詞が必要であることが分かります。

問9 (c) に「もちろん」が入る。(d) に「しかし」が入る。

【解説】

　まず、意思能力が欠如ないし不十分な状態において、本人の意思の所在を確認することの矛盾と、実際問題としての難しさを指摘しています。それを受けて、その困難を回避できるような場合があれば、そうするのが当然であろうと一般論に一旦賛成しています。そしてこの一般論の内容はここで終わっています。なぜなら、その直後の文では、意思能力に問題のある当人に、事前の意思確認ができていない場合や、当人の意思が確認できていてもそれが著しく非合理な場合が指摘されていて、これは一般論には含まれていません。そこで、この一般論が終わった直後に、「しかし」が入り、ここから筆者が本当に言いたいことを述べています。

問10 (a) もちろん　(b) しかし　(c) たとえば　(d) したがって／だから
　　　 (e) しかも

【解説】

　(a)　①は、アメリカ合衆国の裁判官は自分の見解を一定の標準に合わせることは期待されていない、という内容なので、裁判官の広い自由度が確保されているという表現に解釈されそうです。そして、②では、そのような広い自由度があっても、裁判官の適切性などについてはさまざまな規範が確立しているという文章の流れになっていますので、「もちろん」が入ります。裁判官が全く自由というわけではあるまいとする一般読者に対して、まずは一般読者が納得する基本については「もちろん。筆者も同じ目線ですよ」と一旦読者に同意しておきます。

　(b)　「しかし」が入ります。「もちろん」を受けて「しかし」の構造です。③の内容は、裁判官が規範に反しない限り、さまざまな点で自らの流儀を貫く余地が残されていると述べていて、ここで筆者が本当に示したい主張を述べています。

　(c)　④の「ある裁判官は韻文によって判決を著した」から、「裁判官が法を発展させてきた確固たる伝統」までは、③で述べている「自らの流儀を貫く余地」の具体的事例になっていますので、「たとえば」が入ります。

(d)　③で裁判官は自らの流儀を貫く余地が残されているとし、④でその具体例が示されています。これらをまとめて論証の根拠とし、⑤の結論が導かれています。(d)に「つまり」を入れた方がいるかもしれません。ここでは、③を根拠とし、⑤を結論としているという構造に注意してください。「③、つまり⑤」とすると⑤は③の言い換えになっていなくてはなりません。つまり、⑤と③はその意味内容が同じで、両者は表現が違っているだけの関係でなくてはなりません。しかし、⑤の内容は③に含意されていません。このことから、③から推論・論証して⑤が導かれたことが分かります。ここでは「つまり」ではなく「したがって／だから」が入ります。

(e)　⑤と⑥の関係を見ますと、⑥は⑤で述べている内容の方向性を変えず、さらに補強しているのが分かります。まず、裁判官は、法の適用において柔軟な判断が可能であり、裁判官の見解もさまざまであっても構わないのです。その上、連邦最高裁裁判官の長い在任期間を通じて自らの法形成ができ、さらに一般市民の目に触れる機会にも恵まれるとあります。このような場合に「しかも」が使われます。

| 問 11 | 文②の前にある「しかし」を「むしろ」にする。 |
| | 文④の前にある「むしろ」を「しかし」にする。 |

【解説】
　①では、改革審は、経験豊かな弁護士から裁判官を任命するような制度の提案はしなかった、としています。そして、②で、実際に改革審が認めたのは、裁判官になるには、従来どおり司法研修所を経由し、直接判事補に任命される方法です。つまり、裁判官を任命するという考えの方向は同じですが、①よりも、②の内容がより強調したい主張となっています。したがって、ここは逆接ではなく、順接の「むしろ」が入ります。

　③は、「改革審は裁判所が世間の人の考え方からかけ離れていたり、ずれていたりするとの見解を示したわけでもない。それを明示はしていない」が、④は、「実際に暗には示していた」とあります。したがって、「明示していない。しかし、暗に示している」という対立になるので、④の前には逆説の「しかし」を使う必要があります。

(a) したがって／だから　(b) もっとも　(c) たとえば　(d) そして

【解説】

　①から②が導かれていますので、(a)には「したがって／だから」が入ります。一見すると、(b)には転換の接続詞（「しかし」など）が入りそうですが、③は②と対立する主張ではなく、内容を補足していますので、「もっとも」が適当です。④は、死亡以外で生命保険に関する法律問題が生じる場合の具体例ですので、(c)には「たとえば」が入ります。⑤と⑥は逆接の接続関係にはありません。しかし、強い論理的関係がありませんので、(d)には「そして」が入ります。

問 13　(a) だから　(b) したがって／だから　(c) したがって／だから
　　　　(d) たとえば　(e) つまり／すなわち／言い換えるなら　(f) なぜなら
　　　　(g) しかし／それに対し　(h) だから　(i) だから

【解説】

　(a)　②は①への追加ですので、ここでは①と③の関係をみます。③の内容は①には含意されていませんので、①から③が導かれたと考えていいでしょう。つまり、「①、だから③」となりますので、(a)には接続詞「だから」が入ります。

　(b)　③と④の間の関係をみますと、③では「刑罰とは、人間の規範違反的行為をコントロールするための『最後の手段（ultima ratio）』」であるとしてはいますが、このことが、重要な法益侵害のすべてを刑罰の対象とはしていない理由ですから、③と④との間に論証が生じています。そこで、(b)には帰結を導く「したがって」、「だから」が入ります。

　(c)　⑤は④の内容の補強になっていますので、見るべきは④と⑦の関係です。⑦の内容は④に含意されていませんので、ここでは「④。だから、⑦」という論証が生じていることになります。(c)には「したがって／だから」が入ります。ここに「つまり」が入るのではないかと考えた方もいるかもしれません。しかし、よく読んでみますと、⑦では「これこれじかじかの場合には刑罰を科す必要はない」と言っており、⑦の主張は「必要性」にあります。この「必要性」は④から読み取ることはできません。ですから、⑦は④からの飛躍の結果とみるべきでしょう。

　(d)　刑罰の対象から外している事例が⑧と⑨になりますので、(d)には「たとえば」が入ります。

　(e)　⑨で示された例を、⑩でより分かりやすく別の表現で繰り返しています。⑨

に含意されていることを⑩で言い直していますので、ここでは飛躍は生じていません。(e)には「つまり／すなわち／言い換えるなら」などが入ります。

(f)　⑩と⑪の関係をみますと、⑪の終わりに「必要はないと解されていたからである」と理由を述べる語尾が使われています。そこで、(f)には理由を述べる接続詞「なぜなら」が入ります。

(g)　「⑩。なぜなら、⑪」は法的には特に問題がないと考えられていたという趣旨の論証になっていますが、⑫の内容を読むと、当時の日本の実情には問題が生じていたことが分かります。つまり、⑪と⑫は互いに逆接の関係ですので、(g)には対比の「しかし／それに対し」が入ります。

(h)と(i)　⑫から⑬、⑬から⑭がそれぞれ導かれていますので、(h)、(i)にはともに帰結を導く接続詞「だから」が入ります。

　「もしそれがイルカなら、それは哺乳類だよ」という文章を例に取り上げてみます。この文章の前後を入れ替えて「もしそれが哺乳類なら、それはイルカだよ」という文章をつくると、その内容は必ずしも正しくありませんね。なぜなら、哺乳類にはイルカ以外の動物がたくさんいるからです。この「もしそれがイルカなら、それは哺乳類だよ」という文章は「もしそれがAなら、それはBだよ」という構造になります。

　「AならばB」という文章の逆さまは「もしそれがBなら、それはAだよ」となります。「AならばB」に対して「BならばA」を「AならばB」の逆といいます。そして先ほどのイルカの例にみられるように、ある条件文の逆は必ずしも真ではないことが分かります。

　次に、「もしそれがイルカなら、それは哺乳類だよ」を否定文にしてみましょう。すなわち、「もしそれがイルカでないなら、それは哺乳類ではないよ」ということです。この否定文はもとの文章に対して裏といいます。内容をみれば、これもまた、必ずしも正しくないことが分かります。イルカでなくても哺乳類の動物はたくさんいるからです。ある条件文の裏は必ずしも真ではないことになります。

　最後に、上で取り上げた「AならばB」という文章のそれぞれを否定し、かつ「Bならば」から始めてみます。「もしそれがBでないなら、それはAでない」という形です。すなわち、「もしそれが哺乳類でないなら、それはイルカではないよ」となります。そして、この内容は正しいですね。確かに、ある動物が哺乳類でないとするなら、当該の問題となっている動物がイルカでないことだけは確かとなるからです。これをもとの文章「AならばB」の対偶といいます。条件文の対偶は真であることが分かります。**正しい条件文があるとき、妥当な論証となるのは対偶の場合だけ**であるのが分かります。

（福澤一吉、2005 年、151 頁より引用）

第3章

論証すること・論理的に考えること

　仮に読者のみなさんが、何らかの場面で話し相手に対して「あなたの議論は論理的ではありませんよ。論理的に議論をしましょう」と提案したとしましょう。そのときに相手から「論理的に議論をするってどういうことですか？　私の議論が論理的ではないということはどういうことなのですか？」と聞き返されたとします。そのようなときに、読者のみなさんはどう答えるでしょうか？

　この問いに答えるには「そもそも議論とは何か」についての一定の「議論の理論」なり「議論のモデル」をもっている必要があります。つまり、「議論とは何か」を一旦突き放して俯瞰しておく必要があるということです。そうしておかないと、先ほどの相手からの質問にクリアに答えることはできません。本章の中心的話題は、「論理的な議論とは何か」を理解するために、**議論を、一旦、それを構成する部分に分解し、議論を再構築することによって議論自体を把握**しようとすることです。議論を理解するにはできるだけ抽象的な言葉を使用せずに、具体的な一連の操作を介することが肝心です。

　その具体的な一連の操作とは、議論を論証（論証とはある根拠から結論を導くことです）の要素である根拠、主張、論拠に分解し、それらの要素を使って議論を吟味し、再構成する手続のことを指します。詳細は後述しますが、議論を俯瞰するために論証の構造を理解することが必須です。特に本書が扱うのは<u>帰納的論証</u>ですので、この論証を中心に話を進めます。最初に論証にまつわるキーワードである、前提/根拠、結論/主張、導出、飛躍について、それぞれ帰納的論証（根拠からを結論を導くときに飛躍がある）と演繹的論証（根拠から結論を導くときに飛躍がない）に分けてお話しします。ここに登場するこれらの言葉はすべて覚えてください。そして、それを実践の場面で使ってもらいたいのです。

　繰り返しますが、論証ではまず根拠となる事実を示し、そこから一定の主張

をし、結論を導きます。ですから、自分の主張や結論を支持する根拠に信頼性があるのか、それは根拠として機能するかどうかを知っておく必要があります。そこで根拠を、事実、考えに分解し、さらに考えを、推測、意見に分解して理解することが重要になります。さらに事実の正しさを検討・評価する具体的手続もカバーする必要があります。

　話の相手から「あなたの話は飛躍していて、ついていけない」と言われると、自分の話（論証）に論理性が欠如していることを指摘されたような気になります。しかし、飛躍がない議論や論証には生産性がありません。つまり、議論において飛躍は必要なのです。ただし、飛躍の程度については注意が必要です。「今日は天気がいい。だから、明日の株価は上昇するだろう」も飛躍をした論証ですが、飛躍をしすぎると論証自体意味を失います。そこで、本章では、帰納的論証における根拠から結論/主張への飛躍を適切に行う方法についてお話しします。つまり、根拠と結論のつながりをつけるお話です。このときに使うキーワードは、**トゥールミンの論証モデル（トゥールミン・モデル）**にある論拠です。

　多くの読者にとって、論拠という言葉はあまり聞いたことがないのではないかと思います。論拠自体の解説は以下で詳細にしますが、みなさんが論拠について知らない理由の１つは、一般的な議論では論拠が議論の表面に浮上せず、暗黙の了解事項として議論の参加者の間で了解されることが多いためです。この暗黙の了解を明示し、議論全体を把握するときに使われるのが論拠です。また、論拠の内容は一般的には仮定です。仮定とは事実ではなく、反証されるまでは仮に正しいだろうと定めた言明にほかなりません。ですから、私たちが事実や事象を捉える際の基本的なものの捉え方なのです。前置きはこのくらいにして、早速、第３章の中身に入りましょう。

3-1　論証とは何かを知る

　前述のとおり、議論を理解するには、その内容を一旦論証の要素に置き換え、論証の要素を使って議論を再構築することが肝心です。論証とは前提となる根拠から何らかの結論/主張を導出することです。この論証で使われる要素は、①

前提/根拠、②結論/主張と、③前提/根拠から結論/主張を導くこと、の３つから構成されています（図1）。①から②を導き出すことを③導出といいます。そして、この３つを合わせた全体を④論証とよびます。

このように、議論は論証の構成要素からできていることが分かれば、「議論とは何か」が具体的に把握できるのです。ちなみに、本書では、前提と根拠、結論と主張はそれぞれ同じ意味で使います。

図1　一般的論証の全体図

・矢印は①という前提から②という結論を導き出したということを示す記号です。

3-2　論証の２つの型：帰納的（非演繹的）論証と演繹的論証

論証には大きく分けて帰納的（非演繹的）論証（inductive reasoning）と演繹的論証（deductive reasoning）との２つがあります。両者は使い方が異なる論証です。まず、最初に帰納的論証を取り上げます。なぜなら、一般的な議論、論証において使われているのが帰納的論証であり、まずはこの論証について押さえておくことを本書は重視しているからです。ここで帰納的論証についてお話しし、ついで、それと比較しながら演繹的論証についてお話しします。

3-3　事実にまつわる導出：帰納的論証に含まれる 前提/根拠、結論/主張、導出、飛躍

早速、根拠と結論の関係をみていきます。例文1を読んでください。

例文 1

> この付近ではよく犯罪が起こっている。だから、明日も犯罪が起こるだろう。

例文1では「この付近ではよく犯罪が起こっている」という根拠を理由にして、「明日も犯罪が起こるだろう」という結論を導出していますので、論証が生じています。このとき、根拠と結論の間に、「だから」という帰結を導く接続詞があることを意識してください。この論証を分かりやすく表示するために、**論証基本フォーム**とよばれている形式で論証を表現します。それは図2のようになります。論証基本フォームでは中程に**推測バー**という線を書き、その上に根拠、その下に結論/主張を書きます。帰納的論証で導かれる結論の内容は、根拠の中に内在するものではありません。つまり、帰納的論証では結論/主張は根拠から推測された結果なのです。その思考過程を明示するために推測バーを設け、それを超えて結論が導き出されていることを表現しています。推測バーの上と下はお互いに独立で、別々のものであることを示します。

図2　論証基本フォーム1

	根拠：この付近ではよく犯罪が起こっている。	
推測バー	――――――――――――――――	飛躍を伴う導出
	結論：だから、明日も犯罪が起こるだろう。	

この例では「この付近ではよく犯罪が起こっている」が根拠として使われています。この根拠は、実際に私たちが観察・調査を通して実体験することができる事実なので、**経験的事実**といいます。

次に、結論の「明日も犯罪が起こるだろう」ですが、これは実際に体験することはできません。「明日」になれば経験的事実になるかもしれませんが、この発言をしている時点では体験できません。このように直接に体験・経験できない事実を**非経験的事実**とよんでおきます。このように「**根拠としての経験的事実から、結論/主張を非経験的事実として導く**」ようなタイプの論証を**帰納的(非演繹的) 論証**といいます。

3-4　帰納的論証における飛躍を伴う導出とは何か？

図2にある**飛躍を伴う導出**とは何のことか考えてみましょう。この論証では

「この付近ではよく犯罪が起こっている」という経験的事実から、「明日も犯罪が起こるだろう」という直接に体験・経験できない事実を推測して引き出しているのです。言い換えるなら、帰納的論証とは、経験可能なこと（推測バーの上の経験できる世界）と、そこには含意されない経験不可能なこと（推測バーの下の直接経験できない世界）との間になんらかの関係をつけようとする思考上の行為にほかなりません。つまり、帰納的論証は全く異なる世界に属している２つの事柄を結びつけている行為といえます。推測バーは２つの異なる世界の境界線です。このような形式で根拠から結論を導出（推測）する際には、本書では飛躍を伴う導出が生じているという言い方をします。

　上記と同じ内容を別の表現で補っておきます。論証の結論を引き出すときには、根拠Ｐといっておきながら、「その根拠Ｐに含まれていない何かであるＱ」を結論として導き出しています（根拠Ｐに含まれている何かを結論P'として導く場合は、飛躍が起こっていないことになります）。このように帰納的論証では、前提に含まれていない内容を結論で導いています。帰納的論証とは仮に前提としての根拠が正しいとしても、導出された結論が必ずしも正しいとは限らない論証のことです。ですから、帰納的論証の結論に確実性はありません。しかし、実際の議論の場面では有効な論証です。

3-5　帰納的論証の結論の確実性と情報量の増加

　「3-3　事実にまつわる導出」のところで「この付近ではよく犯罪が起こっている。だから、明日も犯罪が起こるだろう」という論証例を出しました。この論証の結論/主張は正しいでしょうか？　正しいという印象をもたれるかもしれません。確かに、過去の経験から、私たちはいままでに高頻度で生じることは、次の機会にも生じる可能性が高いというこしを知っています。なので「この結論は正しい」と感じるかもしれません。しかし、この結論は言語規則に基づく論証結果としては必ずしも正しいとはいえないのです。

1）推論については、ギルバート・ライル（坂本百大ほか訳）『心の概念』（みすず書房、1987）を参照してください。

なぜ正しいとはいえないのでしょうか？ それは「この付近ではよく犯罪が起こっている」ということが仮に事実であったとしても、「よく犯罪が起こっている」という言明に「明日も犯罪が起こる」という意味が含意されているわけではないからです。確かに、明日も犯罪が起こる可能性はあります。しかし、それは確実なことではありません。ですから、この結論は「よく起こっている」という<u>言葉の意味</u>を言語規則に基づいて引き出した結果ではなく、<u>事実関係</u>（いままでに起こったことはその後にも起こることを自分は経験したことがあるという事実）から結論が導かれたことになります。このような導出を「<u>事実にまつわる導出</u>」といいます。

帰納的論証では前提となる根拠に含まれないこと（根拠Pから根拠Pに含まれない何かである結論Q）を結論で引き出しますので、**根拠に含まれる情報より結論に含まれる情報量が増えます**。つまり、この論証法は手元にある根拠からまだ見ぬことを予測するという側面をもっています。ですから、議論の結果、生産性が上がることにつながります。また、帰納的論証では、前提となる根拠から飛躍して結論を出しますので、前提の内容が結論へそのまま引き継がれることはありません。このことを<u>真理保存性がない</u>、といいます。

私たちの行っている議論は、その多くが事実にまつわる論証です。言語規則に沿った意味にまつわる議論をしていないのです。その意味において、前提となる根拠をたくさん用意し、かつそれが正しい場合でも、必ずしも正しいとはいえない結論を導出していることに常に注意するべきでしょう。

3-6　言葉の意味にまつわる飛躍を伴わない導出：演繹的論証

帰納的論証が確認できました。そこで次に、「彼にはアリバイがあるね（根拠）。だから、彼は事件発生当時にその現場にいなかったことになるね（結論）」という論証の場合はどうか考えてみます。これを論証基本フォーム2（図3）に示します。

図3　論証基本フォーム2

推測バー　根拠：彼にはアリバイがあるね。
　　　　　結論：だから、彼は事件発生当時にその現場に
　　　　　　　　いなかったことになるね。
　　　　　　　　　　　　　　　　　　　　　　　　飛躍を伴わ
　　　　　　　　　　　　　　　　　　　　　　　　ない導出

　アリバイ（不在証明）という言葉には、「ちょうどそのタイミングでその場に居合せていない」という意味が含まれています。ですから、図3のアリバイの論証例では、結論/主張の内容が前提となる根拠の中にはじめから含意されていることになります。つまり、この論証では前提となる根拠に含まれる意味を結論で言い換えているのです。このような導出を「言葉の意味にまつわる導出」といいます。言語規則に則った結論の導出です。このように「前提が正しければ、結論が必ず正しくなる」ような論証を演繹的論証といいます。演繹的論証では、前提となる根拠の意味を変えずに結論を出しているのですから、飛躍を伴わない導出をしていることになります。

　演繹的論証では、根拠にはじめから含まれている意味内容を結論で言い換えているだけですから、結論では何ら新しいことをいっていません。ですから、結論においては、根拠がもつ情報以上に情報量は増えません。また、演繹的論証では、前提となる根拠に含まれる内容が結論にそのまま引き継がれますので、前提と結論間での内容が同じであることが保証されます。このことを真理保存性がある、といいます。

　論証であれば、帰納的論証であろうが、演繹的論証であろうが、導出は必ず生じます。一方、それ以外については両者には違いがあります。この2つのタイプの論証の違いを表1にまとめてみました。

　帰納的論証では導出の際に飛躍を伴い、その結果、結論が必ずしも正しいとはいえないのです。ですから、この飛躍に関して何らかの工夫をしないと帰納的論証の真価が発揮できません。飛躍を埋めることが帰納的論証にとって最も重要であり、その飛躍をどう埋めるかは後述するトゥールミンの論証モデル（3-15）で詳細にお話しします。本書ではこれ以上演繹的論証についての解説はしません。

表1　帰納的論証と演繹的論証の相違点

	帰納的論証	演繹的論証
結論の正しさ	仮に前提が正しくても必ずしも正しいとはいえない	前提が正しければ必ず正しい
結論の新規性	あり	なし
結論での情報量	増える	増えない
真理保存性	なし	あり
飛躍	あり	なし

・両者は論証において異なる機能を備えています。実際の議論ではこの2つの論証を組み合わせる場合があります。

3-7　根拠の信頼性と導出の妥当性の区別 [2]

　ここでは「演繹的論証のみが正しい論証である」という観点（仮定）から、根拠の信頼性と導出の妥当性を区別することを考えてみます。このときの導出とは飛躍を伴わない導出を指します。

　57頁の図1を再度見てください。③導出は、①から②を導くところだけを指す言葉です。そして、③導出自体は、根拠の内容や信頼性とは全く独立な事柄です。このことは、「根拠の内容が信頼できるかどうか」という問いと、「導出自体が演繹的に正しいかどうか」という問いとは関係がないことを意味します。ですから、両者は別々の観点から評価しなくてはなりません。両者の違いに注目しながらここでは、①根拠、②結論、③導出の関係についてみていきましょう。論証基本フォームで示した次の4つの論証をまず読んでください。

論証A

根拠1：マイケル・サンデル教授はハーバード大学の教員の一人だ。

根拠2：ハーバード大学の教員は全員ウィトゲンシュタインを知っている。

結論：だから、マイケル・サンデル教授はウィトゲンシュタインを知っている。

　2）妥当性という言葉は、本来形式論理学の文脈で使われる言葉で、演繹的論証との関係で使います。ここではそのような厳密な意味はありません。

論証 B

根拠1：マイケル・サンデル教授はハーバード大学の教員の一人だ。

根拠2：ハーバード大学の教員は全員ウィトゲンシュタインを知っている。

結論：だから、マイケル・サンデル教授はアリストテレスを知っている。

論証 C

根拠1：自由の女神はハーバード大学の教員の一人だ。

根拠2：ハーバード大学の教員は全員ウィトゲンシュタインを知っている。

結論：だから、自由の女神はウィトゲンシュタインを知っている。

論証 D

根拠1：解散が行われるとすべての衆議院議員は、任期満了前に議員としての地位を失う。

根拠2：司法試験とは、法曹三者になろうとする者が必要な学識・応用能力を備えているかどうかを判定するための国家試験である。

結論：だから、ロールズの正義原理が志向する平等は結果の平等を意味しない。

　まず、論証 A ですが、これは一見して正しい論証であることが分かりますね。なぜ正しい論証と分かるのか、その解説は一旦飛ばして、論証 B、C、D を先に比較検討します。

　論証 B の根拠1、2は簡単に裏が取れます。結論の「マイケル・サンデル教授はアリストテレスを知っている」も事実です。サンデル教授はアリストテレスについて教えているからです。しかし、仮に根拠1、2が正しくても、これらの根拠からはこの結論は導出できません。各々の根拠は正しいのですが、根拠から結論の導出が演繹的には誤っているため、結果的に論証は誤りとなります。

　論証 D は根拠1、2、結論ともそれぞれ単独では正しい内容なのですが、これらの根拠からこの結論は導けません。これは明らかに誤った論証です。

　それでは論証 C はどうでしょうか？　仮に根拠1、2を正しいとするなら、この2つの根拠から結論は正しく導出されています。論証 C の場合、導出は演繹として正しいのですが、根拠1が誤っているため、論証としては誤りとなったのです。この例で導出の正しさと根拠の正しさが別物であることが分かります。

　演繹的導出の正しさは、前提としての根拠を正しいとした場合に、「その結論が言語規則上、演繹として間違いなく導かれるかどうか」という点だけで評価されます。このとき、**根拠としての前提が実際に正しいかどうかは問題になりません**。論証Cの根拠1を、「自由の女神はハーバード大学の教員の一人だなんてありえない！」などと、その内容が真実ではないことに気を取られすぎると、演繹的導出を含む論証の構造に目がいかなくなってしまいます。要注意。

　さて、ここで最初に保留した論証Aが、一見しただけで「なぜ正しい論証と分かるのか」という話に戻りましょう。論証Aの根拠1の「マイケル・サンデル教授はハーバード大学の教員の一人だ」は事実です。また、「ハーバード大学の教員は全員ウィトゲンシュタインを知っている」も事実と考えて問題ありません。したがって、**論証Aは根拠1、2が正しく、かつ根拠から結論の演繹的導出も妥当であった**のです。したがって論証全体も正しいことになります。このような論証の場合に、つまり、飛躍を伴っていない導出が行われる場合、私たちはそれが正しい論証であると思えるのです。上記4つの論証のうち、論証Aは演繹的論証として整っていました。

　確かに、論理学的な観点、または論証としてより厳密な観点からすると、演繹以外の論証は結論が必ずしも正しいとはいえません。しかし、だからといって、帰納的論証が、実際の議論や論証において有効でないことを意味するわけではありません。実際に、法学的議論も含めて、私たちが一般に行っている議論のほとんどは帰納的論証を使っています。そして、それは十分機能しているのです。

　法的議論をはじめとするアカデミックでフォーマルな場面での話し合いにおいては、多くの場合、帰納的論証が使われています。演繹的論証は登場する機会があまりありません。そこで、帰納的論証B、Cには注意が必要です（論証Dはまず起こりませんが）。論証Bのように、導出が誤っているのに結論が正しいような場合があります。何らかの結論を導く場合は、論証全体が少なくとも構造上は正しくなければなりません。また、論証Cのように根拠が誤っているのに導出が正しい場合もあります。そのような場合には、一見、結論が正しいよ

うに感じてしまいます。

　まとめておきます。論証をする場合、①前提となる根拠の信頼性の吟味と、それらを使って結論を導くこと、すなわち導出は、それぞれ独立であること、②根拠と導出がそれぞれ別々に誤っている可能性があること、また、演繹的論証では、③根拠、導出の両者がともに正しい場合にのみ、正しい論証になるということ、の３点を押さえておきましょう。そして、これらの事柄に注意を払いながら、人の話を聞いたり、文章を読んだり、書いたりすることが、論理的に思考することにほかなりません。ただし、帰納的論証においては、前提としての根拠から飛躍を伴って結論が出されますので、根拠と結論がどう結合するかを吟味するまで、論証全体の評価はできません。

3-9　根拠と導出のチェックについて

　根拠と導出は全く異なるものであることをお話ししました。ですから、それらを評価する際には、それぞれを別々の視点から検討する必要があります。根拠を評価する場合には、「それが信頼に値するものかどうか」という点から検討します。一方、導出を評価する場合には、演繹的論証についてはそれが論理的に妥当かどうか、帰納的論証であれば根拠と結論の間の飛躍が保証されるかどうかという点から検討します。帰納的論証における飛躍を伴う導出の保証については後で言及します。

　論証では経験的事実を根拠として使うのが理想的です（実際の議論や論証の場面では、経験的事実とはいえないようなものも事実として扱われることが多々ありますので、注意してください）。そこで、どうすれば根拠に信頼性があるか否かの判定ができるか考えてみましょう（実は、ある事柄が事実かどうかの判定は、結構、悩ましい問題が含まれています。詳しくは 3-11 で取り上げます）。ここでは、根拠として使われるものには大きく分けて、根拠として使える事実とよべるものと、事実ではないが論証における根拠として使われるものに区別する必要があることから話を始めます。なお、法学的には事実がどう扱われるのかについてはコラム（「法学における事実とは？」〔67頁〕）を参照してください。

3-10 「事実 vs 考え」さらに、「推測 vs 意見」を定義する

論証で使われる根拠は、それが信頼に値するものかどうかを検討・評価する必要があります。それには、「事実と考え」、さらに考えを構成する「推測と意見」を区別しておくといいでしょう（図4参照、野矢、2017）。

図4 事実と考えを分けた図式

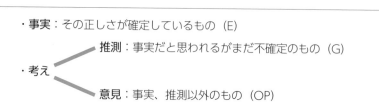

・事実：その正しさが確定しているもの （E）

・考え
　推測：事実だと思われるがまだ不確定のもの （G）
　意見：事実、推測以外のもの （OP）

（野矢、2017より改変）　E：evidence, G：guess, OP：opinion

「事実」は「すでにその正しさが確定しているもの」です。たとえば、「この被害者は刃物で刺されて出血している」のように、観察によって確認することができるのが事実（経験的事実）です。また、ある一定の手続（実験、観察、調査など）を繰り返す限り、常に同じ結果・事実が得られることが根拠の信頼性を高めます。このことを追試可能性といいます。根拠として一番強力なのがこのような事実（経験的事実）です。

一方、「正しさが確定していないもの」が「考え」です。「考え」は事実ではありません。ですから、論証において「考え」に相当する事柄を根拠として使用するような場合には、それがあくまでも「自分の考え」であることを認識し、それを表明しておく必要があります。そして、やむをえず「考え」を根拠に使って論証する場合には、「これは自分の考えですが」と断っておきましょう。よりフォーマルな議論や話し合いでは「考え」を根拠に使うことは避けるべきでしょう。

3）これらの言葉の使い方が一般的であるというわけではありません。この使い分けは野矢（2017）に準ずるものです。

法学における事実とは？

　一般社会において事実といえば、実際にあったこと、つまり真実のことをいいます。しかし、法学では、一般の意味とは違うさまざまな事実が出てきますので注意が必要です。

　まず、法学において事実とは、一定の法律効果を生じさせる原因となる事柄のことをいいます。言い換えると、法的三段論法における小前提となる具体的事実のことであり、たとえば、「人を殺した者は、死刑又は……懲役に処する」という刑法199条を大前提として、「AがBを殺した」のであれば、国家がAを「死刑又は……懲役に処する」という法律効果が生じますが、このうち「AがBを殺した」という部分が事実になります。ここで注意すべきは、神様でない裁判官が、裁判手続という制約の中で、真実を把握できるとは限りませんし、真実が分からないから裁判をしないというわけにもいかないため、裁判官は、当事者が主張する事実（たとえば、検察官が主張する「AがBを殺した」という事実）があるか否かにつき、裁判に提出された証拠等に基づき判断することになっているということです。その結果、仮に真実はAがBを殺していたとしても、裁判で提出された証拠等から裁判官が「AがBを殺した」と認定できないと判断すれば、裁判上はその事実はないと扱われることになります。大学の期末試験や司法試験の事例問題では、記載事実が真実であることを前提とした出題がされますが、実際の裁判では、法律の解釈よりも、当事者の主張する事実の有無が主要な争点となることが多く、事実を立証し、認定する能力も法律家にとって重要です。

　その他、法律行為と対比される事実行為、法律婚と対比される事実婚、法律上の推定と対比される事実上の推定、あるいは、訴訟における事実の主張立証や事実認定に関する要件事実、主要事実、間接事実、補助事実等、法律を勉強しているとさまざまな事実が出てきます。その都度、教科書や法律用語辞典等で確認して、正確な理解に努めてください。

「考え」はさらに「推測」と「意見」に分かれます（野矢、2017）。「推測」は、「事実としての認定が確定されていない事柄」のことです。「事実として認定するために必要な手続」が明確に示されていない主張です。したがって、推測内容を事実として示す実証的手続や方法が提示されれば事実になる可能性があります。たとえば、「ウイルスの拡散を防ぐには集団免疫を作るのが一番だ」、「犯罪を少なくするには罰則を強化するのがいい」などは推測にあたります。このような推測の内容は、実験、観察、調査などを通して経験的事実として示すことが可能です。もっとも、推測段階のことをあたかも事実のごとく扱い、それが根拠として使われているような場合もありますので、注意が必要です。

「意見」は「事実や推測以外のもの」を指す言葉です。たとえば、「法学を学ぶには、まず外国語を勉強するべきだ」は、その人の意見です。このような意見は論証における根拠としては使えません。意見は推測ですらないのです。意見は根拠のない単なる態度表明であるといってもいいでしょう。

3-11　事実の正しさを検討・評価する具体的手続

前にちょっと触れていますが、実は「事実（data、evidence）とはそもそも何なのか」を特定するのは簡単ではありません。ざっくり言うなら「事実とされる対象は、それをどの視点から捉えるかで変化する」ものなのです。ですから、「いや、事実は1つに決まっている」と考えるのは危険です。「事実」を捉えることが難しいということは、人間が世界を捉える際の認識プロセスに関係しています。これについては後ほど詳しく触れます。ここでは、その複雑な認識の問題は一旦脇において、ごく一般的にいわれている「事実」についてお話ししておきます。

一般的な議論・話し合いや、大学に提出するレポート等で使われるタイプの「事実の正しさ」の検討・評価についてお話しします。ただし、「この事実は絶対に正しい」と主張するのは困難ですから、あくまでも「正しさの程度」についての一般的な検討・評価についての話です。

一般的に使われる事実について、どの程度「その正しさが確定しているか」を調べるには、当該の事実が掲載されているアカデミック・ジャーナル（学術

誌）、著作物等々を読んでその内容を確認します。法律における条文や裁判における判例などもここに含まれます。科学の分野でいえば、世界的に広く読まれている Nature、Science 等の科学雑誌に掲載されているものは、信頼性のある資料として扱っていいでしょう。また、文献等に引用される頻度（被引用率）の高い事実も役に立ちます。

　研究者が研究結果をアカデミック・ジャーナルへ投稿すると、その論文は複数の査読者の詳細な検討を経て、ジャーナルへの掲載の可否が決定されます。検討の結果、問題のある論文は掲載されません。したがって、査読をパスしている研究結果は、一応信頼性のあるものとして受け入れていいでしょう。一方、書籍のような著作物は出版社側のチェックは入りますが、アカデミック・ジャーナルのような査読なしで出版されます。ですから、当該の著作が経験的事実を扱うような著作物の場合には、一般に注意が必要です。

　先ほど、世界的に広く読まれているアカデミック・ジャーナルに掲載されていることは、一般に信頼性があると言いました。しかし、専門家だからといって、その人の意見をそのまま受け入れることが必ずしも正しいこととは限りません。近年、データ（根拠となるエヴィデンス）が捏造されるケースが増えているのは周知の事実です。また、同じ事実について異なる研究者が異なる解釈をすることも稀ではなく、このことは前述した事実の確定と人間の認識プロセスに関係しています。

　知識は事実に対応している必要があります。そして事実は正しさが確立していなくてはなりません。この基準を満たしていない事実を使って知識が構成されているとなると、その知識は使えません。正しさが確認できていない「事実らしき知識」も蔓延しています。それが論証に混入していないかどうかは、特に注意深く吟味する必要があるのです。

　シャーロック・ホームズシリーズの語り手であるワトソン博士は、常にホームズの推理を称賛しているイメージがあります。ところが、シリーズ第2作『四人の署名』の冒頭、ワトソンはホームズの推理の能力に懐疑的で、ホームズを試そうと難問を出します。それは、最近ワトソンが入手した古い懐中時計の元の持ち主の性格や習慣についての推理を聞かせてほしいというものです。ホームズは、ほとんどデータがないと嘆きながらも、元の持ち主はずぼらな人だったと推理します。ホームズの推理を単純化すると、以下のような論証基本フォームで表されます。

根拠：最近ワトソンは、古い懐中時計を入手した。

根拠：懐中時計は下の方が2か所へこんでいるだけでなく、一面のかすり傷がある。

根拠：懐中時計の価格は50ギニー（現在の約7,200ポンド＝110万円余）である。

結論：懐中時計の元の持ち主はずぼらな人だ。

　この推理はワトソンとの雑談の中で披露されたものですが、ホームズの本領は、いうまでもなく怪事件を解決に導く場面で発揮されます。名探偵の推理の過程が明かされる謎解きは、ホームズシリーズの醍醐味です。

　しかし、一見鮮やかな謎解きであっても、論拠が明らかにされないものや、首をかしげたくなるものもあります。懐中時計のくだりでも、ホームズは、50ギニーもする時計をぞんざいに扱う人をずぼらな人だと推理することなど大したことではないと言うものの、明確な論拠が示されていません。読者のみなさんは、この推理（論証）の論拠をどのように考えるでしょうか。

　推理小説を読むとき、論証の構造を意識しながら謎解きを楽しめば、論理的能力の涵養にもなり、一石二鳥です。

問1　次の文章を読み、そこから論証を取り出し、論証基本フォームで書いてみましょう。

　近年、晩婚化が進み、婚姻前の氏を使用する中で社会的な地位や業績が築かれる期間が長くなっていることから、婚姻に伴い氏を改めることにより不利益を被る者が増加してきている。だから、婚姻前に築いた個人の信用、評価、名誉感情等を婚姻後も維持する利益等は、憲法上の権利として保障される人格権の一内容であるとまではいえないものの、氏を含めた婚姻及び家族に関する法制度の在り方を検討するに当たって考慮すべき人格的利益であるとはいえる。

（最判平成 27・12・16 民集 69 巻 8 号 2586 頁（2590 頁）より改変）

問2　次の文章を読み、そこから論証を取り出し、論証基本フォームで書いてみましょう。

　精神的自由は経済的自由に対して優越的な地位を有する。なぜなら、精神的自由は、民主主義政治にとって必要不可欠であり、また一度不当に法規制されてしまうと民主的政治過程での自浄作用が期待できないからである。

（駒村圭吾編、2021 年、113 頁より改変）

問3　次の文章を読み、そこから論証を取り出し、論証基本フォームで書いてみましょう。

　合衆国の裁判官は、就任するまでにすでに仕事のしかたや見解をあらかた固めており、それを一定の標準に合わせることは期待されていない。もちろん、どのような行動が裁判官として適切かについては、裁判官倫理綱領の詳細な規定を含め、さまざまな規範が確立している。しかし、こういった規範

に反しない限り、彼らには、裁判の進行や判決の執筆に際して、自らの流儀を貫く余地が残されている。たとえば、ある裁判官は韻文によって判決を著したことで注目を浴びた。議会の意思や判例を尊重することは、合衆国においても重要な理念だとされているが、ここでも、社会のニーズや事件の具体的な事実関係に合うように制定法を解釈したり判例を発展させたりして、裁判官が法を発展させてきた確固たる伝統が存在する。したがって、合衆国の裁判官は、法の適用にあたってかなり柔軟な判断をすることができ、判決の理由づけやさらには結論そのものでさえ裁判官の見解によって異なりうる。

（ダニエル・フット、2007 年、121-122 頁より改変）

問 4 次の文章を読み、そこから論証を取り出し、論証基本フォームで書いてみましょう。

　　新型コロナウイルス禍以降、薬をもらうためだけに病院や薬局に出向くリスクを避けたい人が増えた。さまざまな事情から外出が困難な人もいる。オンラインによる非対面の情報提供や指導を可能にするための法整備が検討されてしかるべきだろう。

（駒村圭吾編、2021 年、127 頁より引用）

問 5 次の文章を読み、そこから論証を取り出し、論証基本フォームで書いてみましょう。

　　日本では選択制夫婦別姓制度導入は容易ではない。最高裁大法廷平成 27 年 12 月 16 日判決も、夫婦同姓を義務付ける民法 750 条を合憲とした（ただし、5 名の裁判官は違憲としており、多数意見も、選択的夫婦別姓の考え方を否定してはいない）。つまり、夫婦が別の姓を称することは、(1)家族の一体感を損なう、(2)子どもの不利益になる、などという反対論もなお根強いということである。

（オリジナル）

問 6 次の文章を読み、そこから論証を取り出し、論証基本フォームで書いてみましょう。

　国内で結婚という形を選べるのは、異性間のカップルだけだ。そこに司法が大きな疑問を投げかけた。札幌地裁が先月、結婚に伴う保護を同性愛者が得られないのは憲法の法の下の平等に違反すると判断した。

　同性愛は長い間、「治療すべきもの」とされ、差別や好奇の目を向けられてきた。近年、理解が広がってきたが、「性的指向は、本人が選択、変更できないこと」という判決の認定が、議論のベースとなる。では、結婚したいのにできない当事者の状況をどう考えるか。

　裁判で国側は「同性愛者も、異性とならば結婚できる」といい、民法などの規定は差別ではないと唱えている。形式的な結婚の機会は確保されている──ということだ。

　当事者たちが求めているのは「愛する人と」結婚することだ。形ばかりの結婚は答えにならないし、本人が意図しない結婚の形を示すことで、当事者をおとしめているようにみえる。

　国側の主張は、いかに空疎で心ない主張なことか。

（井田香奈子、2021年4月18日、朝日新聞朝刊「社説余滴」より改変）

問 7 次の文章を読み、そこから論証を取り出し、論証基本フォームで書いてみましょう。

　憲法76条3項は、「すべて裁判官は、その良心に従ひ独立してその職権を行ひ、この憲法及び法律にのみ拘束される」と定める。この規定にいう憲法や法律のように、「裁判に際して裁判官がよるべき基準の源泉」のことを「法源」という。わが国では、憲法および法律のほかに、慣習法が法源であることは明文の規定で定められている（法の適用に関する通則法3条参照）。また、条理（物事の道理や筋道）が法源であることも一般に承認されている。しかし、判例（最高裁判所が個々の裁判の理由の中で示した法律的判断）を法源とする明文の規定はない。また、判例の法源性を基礎づける「先例拘束性の原則」（同種の事件について先例があるときは、裁判官はその先例に従って裁

判をすべきとの原則）もわが国では認められていない。これらの点からすると、判例は法源ではないと言わざるを得ない。

　もっとも、この段階で、判例は法源でないと言い切ってしまうのは早計である。確かに、判例には法的な意味での拘束力はない。しかし、事実上の拘束力はあると考えられているからである。

　判例の「事実上の拘束力」の根拠はいくつか挙げられる。その中でも、法の適用・解釈の統一性の要求が判例の事実上の拘束力の核心であるとされる。裁判官の判断は同一であるのが理想ではあるが、裁判官独立の原則のゆえに（憲法76条3項参照）、事前の指揮による判断の統一は許されない。だから、法の適用・解釈の統一性は、上訴制度による事後的な是正・統一によって図るほかない。しかし、裁判官独立とはいっても、裁判官は、何であれ自らが思うとおりの判断をしてよいというものでもない。法の適用・解釈の統一性の要求からすれば、裁判官は、最高裁判所がするであろうような判断をするべきである。最高裁判所の判例は、以降の最高裁判所の判断を予測する手掛かりとなる。この点で、裁判官には、最高裁判所の判例に従うインセンティブが働くことになる。このように、最高裁判所の判例には、「事実上の拘束力がある」と考えられる。

　なお、このような考え方は、一見すると、裁判官独立の原則に反するようにも思われるかもしれない。しかし、憲法76条3項にいう「裁判官の良心」とは、一般に、裁判官個人としてのそれではなく、裁判官という公の立場にある者としての良心を指していると考えられている。したがって、判例の事実上の拘束力を認めても、裁判官独立の原則に反するものではない。

（オリジナル）

問8 次の文章に含まれる論証を、①根拠の信頼性、②演繹的論証としての導出の妥当性、③論証全体の正しさという点から吟味してください。

論証 a

根拠1：ハーバード大学の法学教授は全員高等教育を受けている

根拠2：レオナルド・ダ・ヴィンチはハーバード大学の法学教授だ。

結論：だから、レオナルド・ダ・ヴィンチは高等教育を受けている。

根拠 1：ファイザー社製のワクチンは 2 回接種が前提で承認されている。

根拠 2：1 回の接種でも発症を 70〜80％以上抑制するという報告がある。

結論：だから、1 回接種後に感染しても家庭内感染の割合は 40〜50％減少するはずだ。

論証 c

根拠 1：演繹的論証では根拠が正しければ結論は必ず正しくなる。

根拠 2：帰納的論証では導出の過程で事実関係が入り込むが、演繹的論証では言語規則に則り意味的導出のみが行われる。

結論：だから、根拠の正しさを認め、同時に結論の正しさを否定すると、帰納的論証では必ずしも矛盾にならないが、演繹的論証であればそれは矛盾になる。

論証 d

根拠 1：人体の細胞には核がある。

根拠 2：赤血球には核がある。

結論：ゆえに、核は必ず発見されるものである。

論証 e

根拠 1：缶詰のトマトは酸味がある。

根拠 2：酸味があるとビタミン類は安定に保たれる。

結論：貯蔵期間が長くてもビタミン類の減少は少ない。

(野矢、2001 を改変)

問 9 次の文を事実、推測、意見に分類してください。

1．スポーツは始めるタイミングを逸するとマスターできない。
2．推測の結果は必ずしも正しくはない。
3．私は裁判員制度など必要がないと思う。
4．ワシントン DC にいくなら最高裁判所の見学にいくべきだ。
5．ほとんどの認知症は早期発見すれば進行を遅くできる
6．1 つの国であっても、アメリカは州によって法律が異なる。

帰納と演繹を組み合わせる：仮説演繹法

　帰納的論証と演繹的論証はその働きが違うことがわかりました。この2つの異なるタイプの論証を組み合わせると、より信頼性のある論証が可能となります。たとえば、仮説を構築し、それを実証的に検証するプロセスでは帰納的論証と演繹的論証の2つを組み合わせて使います。科学では一般的に使われる手法で仮説演繹法といいます。図5に仮説演繹法の考え方を示します。

図5　仮説演繹法の考え方

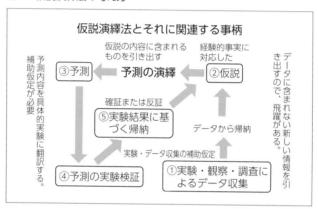

　まず、図5の①実験等々でデータ（エヴィデンス）が収集され、そこから②仮説が導かれます。ここでは根拠をもとに、そこにない何かである仮説を導いていますので、帰納的論証をしていることになります。帰納的論証の定義からして、仮に集められたデータが正しいものであったとしても、そこから飛躍して得られた仮説は必ずしも正しいとは限りません。そこで、この仮説が正しいかどうかを検証するために、その仮説から予測される事実を演繹します。演繹的論証では、仮説に含意される事柄をそのまま変えずに予測を導いていますので真理保存性が保たれています。次に、この③の予測を④実験的な手法で確かめます。最終段階では、④の結果に基づき②仮説が正しかったかどうかを⑤帰納的に論証します。つまり、仮説演繹法は帰納、演繹、帰納という順で論証しています。

「もし仮説 H から演繹された予測が正しいならば P である。実験の結果 P だった。だから仮説 H は確かだ」というのが仮説演繹法の手法でした。この論証は演繹的立場からは誤った論証です（コラム「逆、裏、対偶」〔54 頁〕参照）。「P ならば Q」のとき、「Q ならば P」というのは「逆」で必ずしも真ではありません。「予測が的中した。だから、仮説は確かだ」というのが、まさに「Q ならば P」の形になっています。

一方、仮説が反証される場合を考えてみると論証は変わってきます。「もし仮説 H からの予測が正しいならば P である。実験の結果 P ではなかった。だから仮説 H は確かではない」という場合は、演繹的論証として妥当です。「P ならば Q」のとき、「Q でないならば P ではない」というのは「対偶」なので真となります。つまり仮説の確証は帰納ですが、仮説の反証のほうは妥当な演繹になっています。

上記のことからポパーは科学的探究の目的について話を展開します。「今まで、私たちは科学の目的は仮説を立ててそれを確証することだと考えてきた。しかし、そうではない。本当の科学の目的は、仮説を立ててそれを反証することである」と主張しました。つまり、科学に含まれる論証は演繹だけということになります。これを反証主義といいます。

問10 次の文章における論証が、帰納的論証か演繹的論証か区別してください。

---

1. 彼は将来弁護士になるね。なぜなら、法学部の学生だからね。
2. 裁判官とは論理的な誤りをしないものだ。彼は裁判官でしょ。だったら、彼は論理的誤りはしないはずだ。
3. この人間行動についての説明って、従来の経済学的理論によるものだね。つまり、行動経済学理論じゃないね。だったら、人間は完璧に理性的存在なはずだ。
4. 法律って時代の要請に応えて常に新しく作られたり、書き換えられたりするよね。ということは、将来的に生じる問題もすべて法律でうまく処理できるね。
5. いままで出会った裁判官は誰も論理的な誤りをしなかった。彼は裁判官でしょ。だから、彼は論理的誤りはしないよ。

問11 次の文章における論証が、帰納的論証か演繹的論証か区別してください。そして、なぜ帰納的または演繹的論証といえるのかを説明してください。

　1976年の台風17号の影響で岐阜県の長良川の堤防が決壊した。水害にあった安八町と墨俣町の住民が国を相手に損害賠償の訴訟を起こした。両事件はともに同じ岐阜地裁民事第2部によって取り扱われた。安八訴訟については1982年に岐阜地裁民事第2部が原告住民側をほぼ全面勝訴させる判決を出した。一方、墨俣訴訟については1984年に同岐阜地裁民事第2部が原告住民側に全面敗訴の判決を下した。つまり、同じ水害について起こされた2つの訴訟について、一方は原告勝訴、他方は原告敗訴という全く反対の裁判結果が出たのだ。だから、裁判で出される最終的結論は正確無比なものであると考えるのは危険である。

（高橋文彦、2013年、1頁より改変）

次の文章における論証が、帰納的論証か演繹的論証か区別してください。そして、なぜ帰納的または演繹的論証といえるのかを説明してください。

> 古典論理においては、推論の前提となる命題の集合から推論規則を用いて導かれた結論は、その命題の集合に新たな命題が加わっても、撤回されることはない。このような推論の性質は「単調性」とよばれている。これに対して「非単調性」とよばれる推論法がある。この推論法ではすでに知られている情報から導いた結論でも、新たな情報が入手されたときに、当該の結論を撤回する必要性が発生する。したがって、このことは新たな結論を導く際、前提となっていた経験則や法規範を例外的な状況において適用しないこと、経験則や法規範は排除可能なルールであることを意味している。
>
> (高橋文彦、2013 年、86 頁より改変)

次の文章における論証が、帰納的論証か演繹的論証か区別してください。そして、なぜ帰納的または演繹的論証といえるのかを説明してください。

> 法の解釈適用（当てはめ判断）と事実認定がなされれば、法的判断の結論を導くことができるようになる。通常は、論理学における三段論法を応用して説明され、法的三段論法とよばれている。よく知られている例としては、大前提：人間は死ぬ、小前提：アリストテレスは人間である、という 2 つの前提から、アリストテレスは死ぬ、を帰結するものである。法的三段論法の場合には、大前提として法規範が使われる。法的三段論法も論理学の三段論法と似た外見をもっている。しかし、論理学の三段論法であるなら、具体的事実が法律要件に 100％当てはまり、具体的法律効果が法律効果に 100％当てはまらなければならない。
>
> 　一方、法的三段論法では、抽象的で曖昧な自然言語による法規範命題の場合には、必然的に当てはめ判断が必要となる。特に「過失」、「正当事由」等のような法的価値判断を下さなければその成否を判断できないような「規範的法律要件」ないし「評価型法律要件」の場合には、法的価値判断による当てはめ判断なしには判断できない。だから、法的三段論法は論理的な意味での三段論法ではなく、裁判所や法解釈学者の主観的ないし恣意的な法的価値

判断の結果を、論理必然の推論であるかのように見せかけているものでしか
ないのである。

（太田勝造、2020 年、28-29 頁より改変）

3-12　飛躍を伴う結論導出は生産的である

　帰納的論証と演繹的論証の話をした際に、帰納的論証では結論の導出に飛躍が伴い、一方、演繹的論証では結論の導出に飛躍を伴わないといいました。前述のとおり、議論や話し合いの文脈での「飛躍」は、一般に否定的なニュアンスが込められています。一般的には、飛躍のある議論は、ある事柄から他の無関係な事柄へ飛び回り、互いに関係がないことを思いついたまま話しているということを意味します。ですから、話の途中に飛躍があることは悪いことだと思われているのです。

　一方、飛躍がある話に比べて、飛躍が全くない話はどうでしょうか？ 演繹している話を考えれば分かります。たとえば、「その品物の代金として1万円支払うと、お釣りがきた。だから、その品物は1万円より安いね」というのは飛躍のない論証です。確かに結論は真であることは誰でも認めます。しかし、このような論証は全く生産性がありませんね。なぜなら、結論の内容は前提としての根拠にすでに含まれているからです。

　根拠に含意される内容を単に結論でいったところで、新しい情報は何も得られません。ですから、**生産性のある論証において、前提となる根拠から結論を導くには飛躍は不可欠なのです。**人類が築き上げてきた科学的知見の多くは、経験的事実から飛躍した結果得られたものです。人類は根拠からの飛躍によって今日まで進歩してきたのです。このように生産的議論には飛躍は必要ですが、飛躍しすぎも問題です。そこで、次に飛躍の問題をどう克服したらいいかについてお話しします。

3-13　飛躍はいいことだが、飛躍しすぎないように注意する

　帰納的論証とは根拠から飛躍して結論を導く論証ですから、当然、飛躍は不可欠です。それでは飛躍があればなんでも論証として成立するのでしょうか？次の2つの論証を比較して、結論が導かれるときの飛躍の程度について考えて

4）これは正式には論証とはいいません。分析文といいます。

みましょう。

例文2　学生同士のやりとり

> 学生A：今度の週末にイタリアンのお店で食事しない？
> 学生B：いいね。でも、どうしてイタリアンにしたの？
> 学生A：だって、先週末は中華だったじゃないか。
> 学生B：そうだったね。じゃ、イタリアンにしよう。

例文3　裁判官同士のやりとり

> 裁判官A：どうでしょう、今回の被告人は懲役5年にしませんか？
> 裁判官B：いいですね。でも、どうして懲役5年にするのですか？
> 裁判官A：だって、前回の被告人は死刑だったじゃないですか。
> 裁判官B：そうでしたね。それでは、懲役5年にしましょう。

　学生同士の会話と裁判官同士の会話のパターンを比較してみてください。やりとりの内容は違いますが、やりとりの論証パターンは全く同じですね。パターンが同じ、つまり論証の構造は同じなのですが、この2つのやりとりはある重要な点で異なっています。

　一読して気づく違いは、学生同士の会話はごく自然な感じで別段おかしなところがないのに対し、裁判官同士のやりとりは一読してありえないと感じるところでしょう。この先を読む前に両者の論証上の違いは何かを考えておいてください。ここでは、あくまでも両者の論証の形式上の違いという観点で考えてください。

　両者の違いを考える上で、学生B、裁判官Bにそれぞれ追加質問をさせてみます。まずは、学生Bから学生Aに対して、「でも、先週中華だったということが、どうして今回はイタリアンを食べに行くことの理由になるの？」と質問させてみましょう。みなさんは学生Aのつもりになって答えを考えてください。おそらく、最初に思いついた答えは、「だって、同じ種類の食事を2度続けて食べるよりも、目先を変えた方がいいでしょう」というような答えではありませ

んか？　もちろん、これ以外の答えもさまざまに考えられます。

　学生 B の追加質問を最初の会話に盛り込んでみると、学生 A の論証の全体は次のようになります。つまり、「先週は中華を食べに行った（根拠）。だから、今週末はイタリアンを食べに行く（結論）。<u>なぜなら</u>、同じ種類の食事を 2 度続けて食べるよりも、目先を変えた方がいいからだ」という論証です。学生同士のやりとりが自然に思えたのは、この最後に示した「なぜなら」以降の理由を、読者のみなさんも簡単に思いつくことができたからです。

　実は「なぜなら」以降の理由が推測できたということは、これが帰納的論証でありながら、根拠から結論/主張の導出が比較的スムーズに、うまくいっていることを示しています。つまり、学生同士の帰納的論証は根拠から結論へ飛躍はしているのですが、その飛躍の程度にあまり無理がないことを示しているのです。

　同様に裁判官 B が裁判官 A に「前回の被告人を死刑にしたということを根拠にすると、どうして、今回の被告人は懲役 5 年にすることになるのですか？」と尋ねたとしましょう。読者のみなさんが裁判官 A であったとして、裁判官 B の質問に答えられますか？　学生同士のやりとりのパターンと同様に、「同じ量刑を 2 度続けてもしょうがないよね。なぜなら、同じ量刑を 2 度続けるよりも目先を変えた方がいいでしょう」とはなりませんね。つまり、裁判官同士の会話に私たちがついていけないのは、「なぜなら」に続く理由を簡単に思いつかないからなのです。いや、一生懸命考えても「なぜなら」に続く理由は見つからないでしょう。このことは同じ帰納的論証であるのに、裁判官同士のやりとりでは、根拠から結論/主張がスムーズに導出されていないことを意味します。つまり、飛躍がありすぎるのです。

　それぞれの会話を論証基本フォームにして、それぞれの論証を確認しておきましょう。

学生 A の論証

根拠：先週末は中華を食べに行った。

結論：（だから）今度の週末にはイタリアンを食べに行く。
理由：なぜなら、同じ種類の食事を 2 度続けるより目先を変えた方がいいから。

裁判官 A の論証

根拠：前回の被告人の量刑は死刑にした。

結論：（だから）今回の被告人は懲役 5 年にする。

理由：なぜなら、？

　これで、学生同士の会話と裁判官同士の会話が構造上同じパターンでも、論証における理由（なぜなら以降）のあり方という点で大きく異なっていることが分かりました。学生同士のやりとりのように飛躍があっても「なぜなら」以降の理由がつけられる程度の飛躍なら、結論が必ずしも 100％正解とならなくても、つまり演繹的論証でなくとも、帰納的論証は十分に役に立つのです。

3-14　論証モデル：「根拠。だから、結論。なぜなら、仮定的理由」

　学生同士、裁判官同士のやりとりの比較から得られる教訓は、<u>「なぜなら」以降に述べられる理由</u>を推定することが、論証を理解し、使いこなすために非常に重要であるということです。つまり、先ほどの学生同士の会話にもあったとおり、「なぜなら」以降で述べられる理由が示されて初めて論証が成立するからです。「ぇぇ、論証って根拠と結論/主張を出せばそれで終わっているんじゃないの？」という読者の声が聞こえてきそうですが、それだけではだめなのです。その理由をこれからじっくりお話しします。

　学生同士、裁判官同士のやりとりにあったように、論証を完成させるには結論/主張を支える 2 つの異なる理由が必要なのです。まず、結論/主張を導く<u>第 1 の理由として根拠</u>が必要です。根拠は経験的事実であることが理想的です。たとえば、先ほどの学生の論証の第 1 の理由は「先週末は中華料理を食べに行った」で、これは経験的事実として確認ができます。

　さらに、「先週末、中華料理を食べに行ったという事実を出すと、なぜ、今週末はイタリアンを食べに行くという結論が出せるのですか？」という質問に対しては、「なぜなら、同じ種類の食事を 2 度続けて食べるよりも、目先を変えた方がいいからだ」という理由が出されました。これが<u>第 2 の理由</u>です。

　ここで重要なのは第 1 と第 2 の理由の性質の違いです。この第 2 の理由は経

験的事実でしょうか？　いいえ、これは経験的事実ではありません。学生Aの言った「同じ種類の食事を2度続けて食べるよりも、目先を変えた方がいいからだ」は事実ではなく、Aが意見として、または考えを仮定⁵⁾として出したのです。第2の理由は事実ではなく、あくまでも仮定です。この仮定を第2の理由として用いるからこそ、「先週末は中華を食べに行った」という事実から、どうして「今度の週末はイタリアンを食べに行く」という結論が導けるかが説明できるのです。つまり、この第2の理由がないと、もともと別々のものである根拠と結論はうまくつながらないということです。

　まとめておきます。第1の理由が事実（理想的には経験的事実）であるのに対して、**第2の理由は事実ではなく、仮定です**。第1、第2の理由を論証に当てはめますと、「根拠（経験的事実）。だから、結論（非経験的事実）。なぜなら、仮定（第2の理由）」という形式になります。

3-15　トゥールミンの論証モデルと論拠

　第2の理由である仮定を理由の一部に取り入れた論証のモデルに、トゥールミン・モデルがあります。スティーブン・トゥールミン（1958）というイギリスの分析哲学者は、論証における理由は第1の理由である<u>根拠 (data)</u> と、第2の理由である<u>論拠 (warrant)</u> に分かれていて、論証には両方が必要であることを示しました（図6）。

　いままで「第2の理由」とよんでいた仮定を、これ以降はトゥールミンにならって<u>論拠</u>⁶⁾とよびます。トゥールミンの論証の形式は「<u>根拠。だから、結論。なぜなら、論拠</u>」となります。図6にあるカーブした矢印にもあるように、論拠

5）「その内容が反証されて誤りと判明するまでは**仮**に正しいものとして**定**められているもの」を仮定の意味としておきます。先ほどの学生の論証で、学生Aが理由として出した「同じ種類の食事を2度続けて食べるよりも、目先を変えた方がいいから」が仮定であることを再度思い出してください。

6）論拠は英語で warrant といいます。warrant は何かを保証するという意味です。ですから、論拠は「この根拠からこの結論/主張を出しても問題はありませんよ」ということを保証するためのものなのです。多くの場合、根拠と論拠が意味上区別されずに使われています。本書では主張を支える具体的事実を根拠とよび、その根拠と主張という議論を支えている理由を論拠とよびます。根拠がある主張を支えているのに対して、論拠はいわば議論を支えているのです。

図6　トゥールミンの論証モデルの簡略版

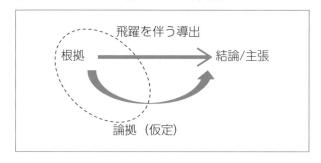

は根拠だけ、または結論/主張だけ、を支える理由ではなく、**根拠と結論/主張を関連づけ、両者をつなげる役目をする理由**と理解しておいてください。つまり、「なぜ、この根拠を出すと、この結論が導かれるのですか？」という質問に対して出される理由が論拠なのですから、それは「根拠と結論」を結びつける役目をしなくてはならないということです。さて、ここで論拠が追加されたので、帰納的論証に必要な3要素（根拠、結論/主張、論拠）がすべて出そろったことになります。

3-16　帰納的論証における論拠（仮定）の役割

　論証における論拠がいかに重要であるかについては、もう少し追加的な話が必要です。さらに、飛躍が必然的に起こる帰納的論証において論拠がどのように働くかについてお話しします。まずは、次の会話を読んでください。

暗黙の了解としての論拠とその機能

例文4

先生：あれ、今日の授業でＡさんを見かけませんでしたね。
　　　どうして欠席したのでしょうかね？
学生：ああ、彼女、発熱したそうですよ。
先生：なるほど。そうですか。早く回復するといいですね。

この会話はごく普通にある会話で、違和感がなく会話が成立しています。しかし、よく読むとこの会話はどこか妙なのですが、それがどこか気づきますか？妙な点を探りましょう。まず、先生は「どうして欠席したのでしょうか」と言っているのですから、先生が知りたいのは A さんが授業に欠席した理由ですね。別に、A さんがどんな状態であるかを知りたいわけではありません。にもかかわらず、先生の質問に対して、学生は A さんの症状について話しています。しかも、学生の答えが先生の知りたい欠席の理由として機能している、成立しているのです。つまり、理由を聞かれているのに「発熱」という事実で答えているという点でこの会話は妙なのです。

　ここでの学生の論証は「A さんは発熱した（根拠）。だから、授業を欠席した（結論）」です。この論証において触れられていないのは「発熱を持ち出すと、どうして欠席という結論になるのか」の理由です。この言及されていない理由が論拠にあたります。会話ではその論拠に全く触れられていませんが、先生と学生の会話は成立しています。したがって、この 2 人は、ここでの論証に必要な論拠（仮定）については、お互い暗黙に了解していることになります。さて、この論証での論拠は何でしょうか？　答えを見る前に考えてみてください。

　先生と学生が暗黙に了解している論拠（仮定）は、次のようなものが考えられます。

　1．人間は健康であるべきだ。
　2．発熱は病気の兆候である。
　3．病気は治すべきだ。
　4．病気は感染する可能性がある。
　5．病気は人にうつしてはいけない。
　6．感染は人との接触によって生じる。
　7．治療には安静が必要だ。
　8．安静とは必要以上に体を動かさないことだ。
　9．その他の仮定

「この簡単な会話にこんなにたくさんの論拠があるの？」と読者のみなさんは思われたかもしれませんね。実は、これらはすべてが論拠となる仮定です。

論拠9で「その他の仮定」としてあり、そこには具体的仮定は書かれていません。つまり、これ以外にも他の仮定が考えられるのです。これらの論拠グループが先生と学生の間で暗黙に了解され、共有されているからこそ、発熱と欠席についての会話（論証）が問題なく成立したのです。

学生と先生の間で論拠が暗黙に了解されているという言い方をしているのは、一般に、発熱と欠席のような普通の会話（論証）には論拠は登場しないからです。いや、登場させる必要がないのです。簡単な会話に論拠などいちいち出していたら、スムーズなコミュニケーションがとれなくなってしまいます。

学生と先生のやりとりでは、論拠の7と8が、Aさんが発熱のために授業に出てこられなかった論拠として主にきいています。たとえば、自宅や病院で安静にしていれば、外には出られないのは当たり前ということです。

重要なポイントを繰り返します。これらの論拠が理由としてなければ、ある症状（発熱）を根拠にして何らかの結論（欠席）を導くことはできません。帰納的論証における導出には必ず飛躍が伴います。その飛躍が無謀なものでないことを示すために論拠が必要になるのです（福澤、2005、2010、2017、2018、トゥールミン著・戸田山＝福澤共訳、2011）。

3-17　主張の対立と暗黙の論拠

発熱したから授業を欠席するという日常レベルの会話では、いちいち論拠などに触れることはないし、必要もないと言いました。しかし、話の内容によっては、論拠に触れる必要がある、または触れないとまずい場面はたくさんあります。たとえば、次のような会話の場合などがそれにあたります。

例文5

> 裁判官A：この被告人は、自ら犯罪を犯したことを認めている。これは事実だ。だから、被告人を有罪にするべきだ。
>
> 裁判官B：いや、本人は確かに、自ら犯罪を犯したことを認めてはいる。それは事実だ。しかし、有罪にするべきではない。

図7を参照しながら読んでください。この2人が共通して認識しているのは「被告人が、自ら犯罪を犯したことを認めている」という事実です。しかし、裁判官AとBの主張は互いに正反対になっています。どうしてこのようなことが起こるのでしょうか？

　実は、この会話の表面には登場しない暗黙の論拠が使われています。そのため、お互いに「被告人が、自ら犯罪を犯したことを認めている」という事実については同意しているにもかかわらず、結論がまったく反対になっているのです。

　裁判官Aの論証は、「被告人が、自ら犯罪を犯したことを認めている（根拠）。だから、被告人を有罪にするべきだ（結論）。なぜなら、被告人の供述は信憑性があるからだ（論拠）」です。一方、裁判官Bの論証は、「被告人が、自ら犯罪を犯したことを認めている（根拠）。だが、被告人を有罪にするべきではない（結論）。なぜなら、被告人の供述は警察によって強要されたものだからだ（論拠）」です。

図7

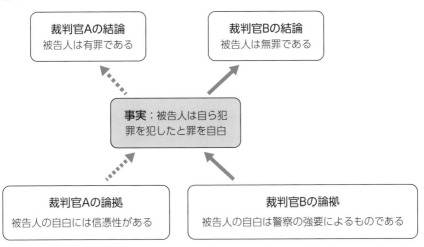

　この論証から、裁判官AとBは「被告人が、自ら犯罪を犯したことを認めている」という事実に関して、それぞれが異なる論拠を暗黙に使っていることが分かります。一見、事実の記述は同じであっても、それをどの視点から見てい

るか、つまり、論拠が明示されないと、互いに相手の主張が理解できないままで終わってしまうでしょう。このような場面では論拠を明示し、互いに確認しなくてはなりません。

議論をしているときに、互いになかなか理解できない場合があります。このようなとき、その1つの原因は、話し合いや議論の表面に登場しないお互いの論拠が明示されていないことが挙げられます。話し合いや議論では伏せられている論拠が重要な働きをするのですが、その開示は一般に後回しにされてしまいます。その分、互いに理解されない状態が続くのです。暗黙に了解されている（当事者同士は当然のものとして信じている）と信じ込んでいた論拠であっても、確認してみたら相手の考えている論拠が自分の考えていたものとは全く違っていたということは大いにありうるのです。大体のことにはお互いに賛成しても、詳細に議論を進めるとお互いに反対であることはよくあります。

相手の考え方を理解しようとするときに、特に障壁となるのは「**自分と相手がそれぞれ当たり前と考えている事柄の食い違い**」です。当たり前のことは、それを当たり前として支えている暗黙の論拠も当たり前のものと考えているのです。しかし、それが何であれ、当たり前のことなどないのです。普段明示することのない論拠を常に考えておくことが話し合いでは大切なのです。

トゥールミンは次のように言っています。「議論のあらゆる場において、私たちが何らかの種類の論拠を用いてことを進めるつもりがない限り、その場において、議論を合理的に評価することはできないであろう。主張が批判されるとき私たちが引用するデータは、当該の場で用いるべく用意されている論拠に依存している」（トゥールミン著・戸田山＝福澤共訳、2011）。

3-18 トゥールミンの論証モデルの全貌

私たちが一般的にしている議論の多くは蓋然的（不確か）です。その蓋然性を可能な限り明確に捉えるため、トゥールミンは先ほど紹介した論証モデルの簡略版（図6〔86頁〕）に、さらに以下の3つの要素を追加しています。[7]

① 論拠を支持する**裏づけ**（Backing）を明記すること。

② 論証の確かさの程度を示す<u>限定語（Qualifier）</u>をつけること。

③ 論証の効力に関する保留条件としての<u>反証（Rebuttal）</u>を提示すること。

これら3つの要素が、それぞれなぜ必要かを考えてみましょう。トゥールミン（1958）が提示している例をそのまま載せます。図8を参照してください。

図8　トゥールミン・モデルの全体図

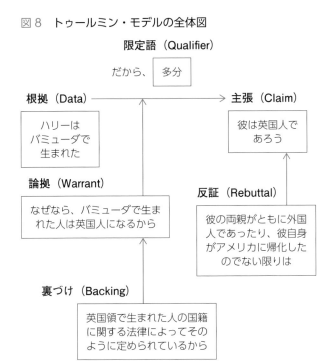

トゥールミン・モデルと法的三段論法の比較

図は、法的三段論法と
トゥールミン・モデルを
対比させたものです。ゴ
シック文字で書かれて
いる用語が法的三段論

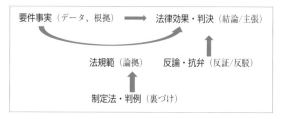

法で使われる用語で、（　）内の用語はトゥールミン・モデルで使われる用語です。

　まず、**法規範**とは、法的拘束力のあるルールのことです。これは、トゥールミン・モデルにおける論拠にあたります。裁判官は、裁判に適用する法規範を制定法や過去の判例から読み取ります。ですから、**制定法**や**判例**は、トゥールミン・モデルにおける**裏づけ**に対応します。なお、論拠の設定につき、トゥールミン・モデルでは、議論次第で自由に論拠を設定できるのに対し、法的三段論法では制定法の解釈の範囲内でしか法規範を設定できないという制約があります。

　次に、**要件事実**とは、法律効果を発生させる要件に該当する事実のことです。これは、トゥールミン・モデルにおける**データ**、**根拠**に対応します。たとえば、刑法199条では、「人が人を殺した」ことが法律効果を発生させる要件であり、これに該当する「AがBを殺した」という具体的事実が要件事実です。

　そして、裁判では、当事者が一定の**法律効果**を主張し、裁判官が**判決**という形で結論を示しますが、これは、トゥールミン・モデルにおける**結論/主張**に対応します。刑法199条のルールを大前提に、「AがBを殺した」という事実があれば、「Aを懲役○年に処する」という判決が出せるわけです。

　ただし、検察官が「AがBを殺した」ことを立証しても、弁護人が正当防衛の反論をして、認められれば、Aは無罪となります。このように、法律の世界では、原則的なルールに該当する場合でも、その効果を阻害する例外的なルールも存在しており、**反論・抗弁**として例外的なルールを主張し、相手の主張を覆すことも可能です。これはトゥールミン・モデルにおける**反証/反駁**に対応しています。

　このようにトゥールミン・モデルは、法律の勉強にも役立つのです。

コラム **証明責任**

　法律の条文の多くは、法律上の効果（法律効果）を発生させるための要件（法律要件）を規定しています。トゥールミン・モデルでいえば、法律要件に該当する具体的な事実（主要事実、要件事実）が「根拠」、法律効果が「結論/主張」、条文が「論拠」に該当します（92頁）。

　本書で、帰納的論証の根拠には経験的事実が用いられ、「事実はすでにその正しさが確定している」ものであることを学びました。これに対し、民事訴訟では、主要事実が存在するか否かが主な争点となるケースが少なくありません。

　主要事実の存否に争いがある場合、その事実は「証明」の対象となります。民事訴訟における証明とは、事実の存否について裁判官が確信を抱いてよい状態、またはそのような確信を抱かせるために当事者が証拠を提出する活動のことをいいます。

　実際の訴訟で、当事者がどれだけ証拠を提出しても主要事実が存否不明（真偽不明）の場合、つまり、主要事実があるのかないのか、いずれについても確信を抱くまでに至らなかったとき、裁判官は判決を下すことができないのでしょうか。

　このような場合であっても判決を可能とするための裁判の基準が「証明責任」（「立証責任」、「挙証責任」ともよびます）です。証明責任とは、ある事実が存否不明の場合、当事者のどちらか一方が、その事実を要件とする自分に有利な法律効果の発生が認められないことになるという不利益を意味します。「証明」や「責任」の日常的な意味とはかけ離れているので注意しましょう。

　たとえば、ある商品の売主が買主に代金を請求する訴訟において、裁判官が売買契約の成立要件に該当する事実の存否について確信を抱くことができなければ、証明責任により、「売買契約に基づく代金支払請求権」という売主に有利な法律効果の発生は認められません。こうして、主要事実が存否不明であっても、裁判官は売主の請求を棄却する判決を下すことができるのです。

3-19 裏づけ、限定語、反証

3-19-1 裏づけ（Backing）

　議論をする場合、相手から出される有効な質問にはすべて答える必要があります。たとえば、論証における論拠に反論されたり、論拠自体の有効性を問われることは十分に考えられることです。この場合、議論を始めた側は、論拠の背景となる正当な理由を提示する必要があります。論拠の背景となる理由のことをトゥールミンは「裏づけ（Backing）」とよんでいます。この裏づけは領域ごとに多岐にわたります[8]。つまり、論拠も蓋然的であるため、トゥールミンは、「論拠にどの程度信憑性があるのか」を裏づける（Backing）ことを考えたのです。

　トゥールミンは「ペーターセンはスウェーデン人である。だから、ほぼ確実にペーターセンはカトリックでない」という例を出しています。この論証における論拠は「スウェーデン人は、ほぼ確実にカトリックでないと考えてよい」です。このような論拠が出された場合、その正しさについては議論の相手から疑問が出されるかもしれません。そのような場合、「スウェーデン人のカトリックの割合は2％以下である」という裏づけを提示することになります。

　トゥールミンは古典的三段論法に対して批判的で、その問題点の1つとして古典的三段論法では論拠と裏づけの区別が不明確になることを指摘しています。そのため、論拠とその裏づけの区別を重視しています。

3-19-2 限定語（Qualifier）

　限定語とは何かを考えるために、ここで再度、帰納的論証と演繹的論証を比較してみます。次の論証例（三浦、2000より改変）を見てください。

前提1：20歳の人のうちX％が30歳まで生きる。

前提2：aは20歳の人である。

結論：aは30歳まで生きるだろう。

　8）法的議論の場合、裏づけは制定法や判例がこれにあたります。また法律の規定そのものを問題にすることが問題解決にとって必要な場合には、その根拠として持ち出される憲法が裏づけとなる場合もありえます（永島、2017）。

仮にこの前提が真である場合、この結論が真である確率はどの程度でしょうか。正解は確率X％です。このことを「この論証の帰納確率はX％である」という言い方をします。それではXが100である場合はどんな論証になるでしょうか？

前提1：20歳の人のうち100％が30歳まで生きる。
前提2：aは20歳の人である。
結論：aは30歳まで生きる。

　この場合は前提が真であるとき、結論が真である確率は100％です。つまり前提が真であれば、結論も必ず真になるのですから、演繹的論証をしているわけです。言い換えるなら、帰納確率が100％の論証が演繹的論証であると捉えることができるのです。こう考えると演繹的論証は帰納的論証の特殊例であるといえます（三浦、2000）。

　トゥールミン・モデルは帰納的論証ですので、上記の言い方をするのであれば、その帰納確率は100％にはなりえません。0％以上100％未満の確率になるでしょう。しかし、実際にこの確率を数値で示すことはできません。そこで、数値に代わってその確率の概念を表しているのが限定語（Qualifier）になります。

　限定語はどのように使われるかを考えましょう。論拠は論証の内容によってさまざまな種類があり、それぞれの論拠が結論をどの程度正当化できるかも一定ではありません。たとえば、論証において信頼性のある適切な根拠が用いられる場合には、その主張を受け入れても問題はないとするような明確な論拠があります。その論拠が適切な場合には、結論が「必然的に」導かれたという副詞で表現することができます。これは帰納確率がより100％に近い場合を指しているのです。また、論拠によっては根拠から結論を導くことを「暫定的に許可する」とか、条件、例外、限定つきで許可するという場合もあります。こういった場合、結論に言及する際に「おそらく」や「推定するに」のような限定語を使う必要があります。この場合は、帰納確率はあまり高くないことを意味します。

これらの事例のように、私たちは根拠が論拠によって主張に与える力の程度を明示的に表現する必要があるわけです。その際、帰納確率が100%にはなりえない蓋然的、不確かな帰納的論証を展開する以上、主張が根拠と論拠を背景としてどの程度の確率で真といえるのかについて表現する限定語が必要となるのです。

3-19-3　反証（Rebuttal）

このように、「根拠、だから結論」という論証は、論拠によって正当化されるわけです。しかし議論が蓋然的である以上、論拠の効力はあくまで原則的なもので、完全なものではありません。つまり、蓋然的議論、帰納的論証はさまざまな側面から反証される可能性を常に含んでいます。たとえば、厳密な科学的議論においてもデータから結論への帰納を100%保証することはできません。ですから、結論の導出は保留条件つきで示すことが必要となります。このような事態を先読みして提示しておくことにより、議論がより分かりやすくなり、より強固な結論/主張を提示できるわけです。この場合の保留条件が<u>反証</u>（Rebuttal）です。

図8（91頁）にあるとおり、「彼の両親がともに外国人であったり、彼自身がアメリカに帰化したのでない限り」という保留条件を出し、それがクリアされていれば、限定語の範囲で主張が通るということになるのです。なぜなら、保留条件の内容は、対象となる議論の内容を制約する反証の役割をしていて、その反証が成立する場合には、議論（すなわち主張）が通らなくなるからです。

3-20　論証や議論における論拠の重要性： ロンドンへの爆弾投下と論拠

議論や話し合いにおいて、論拠がいかに重要な役割をするかを具体例でお話ししましょう。図9は第二次世界大戦のときに、ドイツ軍がロンドンの市街地に向けて飛ばしたロケット砲弾の着弾場所を示したものです。当時のロンドン市民はこのデータの入手が可能であり、ドイツ軍がロンドン市街地のある特定の場所を狙い撃ちしたと考え、より安全な場所に避難したといわれています。

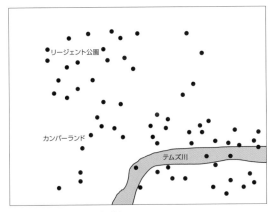

図9　ロンドン市街地の爆弾着弾分布

（Gilovich, 1991 より転載）

　もし、あなたが当時のロンドン市民だったら、この地図のどこへ避難してい
たでしょうか？　この先を読む前に、ロンドン市民の気持ちになって避難地域と、
どうしてそこに逃げるかを考えておいてください。その答えを考えたら次を読
んでください。

　この質問を出すと、80％程度の人は地図の右上か、左下へ避難すると答えま
す。「そのあたりは比較的着弾している数が少ないから、より安全だろう」とい
うのがその理由です。残りの人は左上か右下へ避難すると答えます。なぜなら、
「そのあたりは着弾している数が多いので、すでに攻撃対象からはずされてい
るだろから、より安全ではないか」というものです。

　どこへ避難するかの理由はここでは問題ではありません。重要なのは、多く
の人が上記のような判断をするのは次の図10にあるように、理由を答える前
に「暗黙に地図に直交軸を描いていた」からではないかということです。

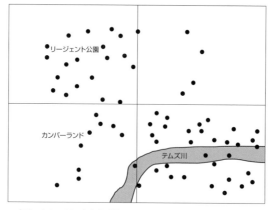

図 10　直交軸を引いたロンドン市街地の爆弾着弾分布

（Gilovich, 1991 より転載）

　このような直交軸を引いて、4 つの長方形内の着弾数を比較してみると、確かに右上、左下の着弾数は、他の 2 つの四角のそれと比べて比較的少ないような印象を受けます。実際に、それぞれの四角の中の着弾数を数えて、χ^2（カイ二乗）検定という統計処理をしてみると、有意な差がみられます。すなわち、統計的に爆弾が落ちている場所とその数との関係は偶然ではないことが示されます。

　一方、図 11 のように、同じ分布図に斜交軸を描いたらどうなるでしょうか？

図 11　斜交軸を引いたロンドン市街地の爆弾着弾分布

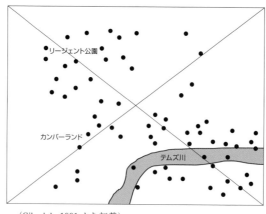

（Gilovich, 1991 より転載）

一見して分かるように、今度は各三角形内の着弾数間にあまり差がみられません。それぞれの三角形内にある着弾数を数えて同じく統計処理をすると、今度は有意差がなくなってしまいます。すなわち、統計的にはどの場所により多くの着弾があるだとか、ないだとかいえなくなってしまうのです。

3-21　「事実」はどのように認識されるのか？

図9は、論証における根拠、経験的事実にあたります。その根拠に直交軸を引いたのは、みなさんが暗黙のうちに使用した論拠なのです（図10）。「直交軸という論拠」を事実としての分布図に適用し、「この根拠は直交軸で四分割して捉えると結論が出しやすい」と無意識に思ったのです。そしてその論拠を使う限り、確かに右上と左下は着弾数がほかより少なく、そこから結論/主張として「図の右上、左下（または、左上と右下）を避難先とする」と決定したのです。

一方、斜交軸を引いた図11の場合には、分布図のどこを選んでも同じような数の着弾がみられました。このとき、斜交軸を引いたのはその人の論拠だったのです。この論拠を使う限り、今度は「どこへ逃げても安全性には違いがない」という結論/主張になります。

同じ目的のために同じ根拠から出発しているにもかかわらず、直交軸という論拠を用いるのか、斜交軸という論拠を使うのかにより、全く異なる結論が導かれています。したがって、このロンドンの市街地の爆弾着弾分布図の解釈から「事実とは何か」について次のことがいえます。すなわち、与えられた一定の爆弾着弾の分布図（根拠）に、直交軸なり斜交軸なりの異なる捉え方（論拠）を用いることで、同じ根拠の意味が大きく変わってしまうということです。**言い換えるなら、事実（根拠）の中に初めから客観的に唯一無二の意味が内在しているわけではないということになります。**ある事柄が事実かどうかの判定は、結構、悩ましい問題が含まれているといったのは、このような事情があるからなのです。

みなさんは図9を見たときに、**自分の論拠（直交軸あるいは斜交軸を引いたこと）には気がつかずに**、結論を出していたのではないでしょうか。根拠（データ）を見て、そこから結論/主張を導くときは、自分でも気がつかないうちに何

らかの論拠を使っているのです。否、論拠を介さずに事実を拾い上げることはできないのです。ですから、論拠は暗黙のうちに、またはあまり意識されないまま用意されているという言い方ができるのです。だからこそ、結論を出すにあたって、その論拠に気づいていることが大事ということになります。

3-22　本章で学んだこと

　帰納的論証は、前提/根拠から結論/主張が飛躍を伴い導出されるのが特徴です。その導出が無理のないものであることを示しているのが論拠です。帰納的論証では、理由としてまず、①根拠に経験的事実を用います。さらに、もう1つの理由として、②論拠という仮定を用います。結論/主張は事実と仮定という2つの異なる種類の理由によって支えられているのです。

　論証に使われる根拠は事実であることが理想的です。そこで根拠の信頼性を確認することが重要でした。

　また、演繹的論証の観点からは、根拠から結論を導出するという行為は、根拠に含意されていることが間違いなく導かれているかどうかで評価されるものです。したがって、導出自体は根拠が正しいかどうかとは関係がありませんでした。演繹的には根拠が正しく、導出に誤りがない場合に正しい論証といえます。

　一方、飛躍を伴う導出をする帰納的論証は、適切な論拠を用意することでより正しい論証が可能になります。トゥールミン・モデルにある論拠の役割が、帰納的論証では最も大切な役割をします。一般的な会話では互いの論拠の内容を確認しないのが普通ですし、そのことが問題にはなりません。一方、よりフォーマルな議論（法的議論をはじめとするアカデミックな議論）が必要な場合や、また、レポートを読んだり書いたりする場合には、論拠の役割が非常に大きくなります。

問 14　次の論証に必要な論拠を推定してください。

1. ロンドンってよく雨が降るらしいよ。だから、明日も雨だね。
2. 日本の医療は最新技術が使われている。だから、医療上のミスが減っている。
3. 彼は議論に強いだろうね。だって、彼は政治、経済、近代史についての知識が豊富だそうだよ。
4. 彼女は論理的に思考できる人だ。ということは、彼女は頭がいいね。
5. 太郎くんは長年テニスのトレーニングをしてきた。だから、腕前は相当なものだ。
6. あれ、彼の指先にペンキがついているよ。うっかり、塗り立てのペンキをさわったな。
7. この患者さんは脳に損傷を受けている。だから、記憶障害が出るに違いない。
8. 数年後に文科省は従来の暗記中心の入試科目から、論理的、批判的思考をみる入試科目へ変更するらしい。ということは、いままでの入試対策は使えないね。
9. あの先生は事実関係を詳細に分析したうえで、法的結論を出している。その結論は私の判断と一致している。だから、あの先生の判断に間違いはない。
10. 彼って大阪出身だって。じゃあ、関西弁をしゃべるね。

問 15　次の論証に必要な論拠を推定してください。

1. 衆議院議員の選挙において、A 選挙区と B 選挙区とは、1 票の価値に 1 対 3 の較差があった。だったら、その選挙には問題があると思う。
2. 高校 1 年生が、親に無断で、高価な英語教材を購入する契約をした。それなら、その親は弁護士に相談した方がよい。

3. 彼は、友人を殴って大怪我を負わせてしまった。だから、彼は警察に捕まっ
   てしまうかもしれない。
4. Aに殺意があったのは間違いない。なぜなら、AはナイフでVの腹部を
   刺したからである。
5. BのアリバイをBの妻Cが証言している。しかし、Cの証言は信用でき
   ない。

問16　次の文章を読み、そこから論証を取り出し、論証基本フォームで書いてみま
しょう。また、論証に必要な論拠を最低1つ推定してください。

　新型コロナウイルスに感染・発症した方やその家族、医療や看護に携わっ
ている方々等に対して、様々な場面での差別的な事例が報じられています。
ハンセン病と新型コロナウイルスによる感染症とでは、その病気の性格は大
いに違っており、本来は同一に論じられるものではないかもしれません。し
かしながら、ハンセン病患者や回復者及びその家族が体験してきたような、
病気を理由とした不当な差別、偏見、いじめ等は、けっして繰り返されては
なりません。
　皆様におかれましては、むやみな恐怖心に基づく言動をとることなく、正
しい情報を確認いただくとともに、人権に配慮した冷静な行動をとっていた
だくようお願いいたします。

（国立ハンセン病資料館館長（成田稔）メッセージ、2020年）

問17　次の文章を読み、そこから論証を取り出し、論証基本フォームで書いてみま
しょう。また、論証に必要な論拠を最低1つ推定してください。

　民法96条1項の条文は、「意思表示が詐欺または強迫によるものであっ
た」という要件が満たされていれば、「その意思表示は取り消すことができる」
という効果が生じることを定めていました。それでは、どのような場合に、
「詐欺または強迫によるものであった」といえるのでしょうか。「詐欺」・「強
迫」とは何でしょうか。さらに、「意思表示」、「取り消す」といった言葉が何
を意味しているのかも、この条文を読んだだけでは分かりません。これらの

言葉が具体的にどのようなことを意味するのかは、すべて「法解釈」に委ねられることになります。なぜならば、これは一言でいえば、制定法の条文は、様々な具体的な事案に適用されることを前提に、抽象的な言葉でできあがっているからです。

(道垣内弘人、2017 年、9-10 頁より改変)

問 18 次の文章を読み、そこから論証を取り出し、論証基本フォームで書いてみましょう。また、論証に必要な論拠を最低 1 つ推定してください。

　議会を国権の最高機関とし、議会における代表による討論を通じて国家の基本方針と法律を定めるべきだとする近代の議会主義は、民主主義と必然的な関係はない。なぜなら、議会に送られる代表は、全人民からの選挙によって選ばれるとはかぎらないからである。議会主義はもともと、教養と財産を備えた上流階級による自由な意見表明と討論を予定していた。したがって、議会主義は制限選挙と親和的である。また、議会への参加は、古代ギリシアのポリスにおけるように全市民の義務ではなかった。しかし、代表の選出が君主による任命から、制限選挙を経て、普通選挙に向かうにつれて、民主制と議会主義は、外見上しだいに重なるようになった。

(平野仁彦ほか、2002 年、279-280 頁より改変)

問 19 次の文章は、交通死亡事故を起こしたトラック運転手 X の刑事責任について書かれたものです。この文章を読み、そこから論証を取り出し、論証基本フォームで書いてみましょう。また、論証に必要な論拠を最低 1 つ推定してください。

　X について、懲役 3 年に処するのが相当である。しかし、被害者の遺族が X に対する厳しい処罰を望んでいないこと、X は本件が原因で勤務先から解雇されていること、X が本件について深く反省していることから、刑の執行を 5 年間猶予すべきである。

(オリジナル)

次の文章を読み、そこから論証を取り出し、論証基本フォームで書いてみましょう。また、論証に必要な論拠を最低1つ推定してください。

　Aは、電車内での痴漢を疑われ、逮捕された。Aは、逮捕当初から一貫して痴漢の事実を否認していた。しかし、Aは、検察官Bの「罪を認めれば起訴しない（刑事裁判を提起しない）」という言葉を信じ、痴漢したことを認める自白をした。その後、Bは、約束に反してAを起訴し、刑事裁判が始まった。Aの自白を刑事裁判の証拠にすることは許されない。

（オリジナル）

問 21 職場でのハラスメントに関するAとBの対談を読み、そこから論証を取り出し、論証基本フォームで書いてみましょう。また、論証に必要な論拠を最低1つ推定してください。

A　一言で言えば「ここを辞めたらもうダメ、と思うな！」ですかね。ハラスメントがあっても何か耐えなきゃいけないみたいな意識が意外に根強い。「若者はすぐ会社辞めちゃう」とか言うけど、他方で何か、辞めたらもうだめなんだみたいな感じで、パワハラもセクハラも我慢しなきゃみたいな感じで思ってる学生も多い。

B　そんなことはないよ、と。

A　もちろんね、会社の中の然るべきところに訴えるとかもあるでしょうけど、そもそも職場におけるパワハラもセクハラも違法なんですから。出るところに出て転職をさっさと考えるというのが、いちばん幸せかなというふうに思うんですけど。

B　社内で状況改善を図るという道も探ってはほしいですけど、確かにそのオプションも意識していいですよね。

（森戸英幸・小西康之、2020年、151頁より改変）

次の論証に必要な論拠を推定してください。

---

1. 契約書にされている押印と A 所有の印章（ハンコ）による押印が一致した。だから、契約書への押印は、A の意思に基づいてされたものに違いない。
2. 妻 A は夫 B との婚姻中に C を妊娠して出産した。だから、C は、夫 B の子に違いない。
3. A と B は、共同で営む事業によって生じるであろう利益については 2 対 1 の割合で分配することを合意していた。だから、損失分担の割合も 2 対 1 にするべきだ。
4. A は、B から甲土地を買ったと言っているが、契約書は作成していない。だから、甲土地の売買契約はまだ締結されていないはずだ。

問 23 次の A と B の会話文を読み、そこから論証を取り出し、論証基本フォームで書いてみましょう。また、論証に必要な論拠を最低 1 つ推定してください。

A：①最近、同性同士でも婚姻（法律上の結婚）ができるようにするべきだという意見があるよね。私はこの意見に賛成だ。人の性的指向は生まれつきのもので、自己の意思では変えられないということだし。B さんはどう考える？

B：①私は同性婚を認めることには反対だ。人の性的指向は自己の意思では変えられないということなので、同性愛自体は認められるべきだとは思う。でも、だからといって、同性同士の婚姻まで認めるべきかというと、そうはいかないんじゃないかな。同性婚では子どもが産まれないからね。

A：②B さんは、婚姻という制度の本質は生殖の保護にあると考えているんだろうけど、はじめから子どもをもうけることを望まない場合や高齢者同士の場合などのように、生殖が想定されない場合でも、婚姻は認められているよね。だったら、同性婚だって認めてよいのではないだろうか。

B：②確かにそういう場合もあるけど、大半の婚姻はそうではないでしょ。そもそも、子どもを産み育てる人がいなくなったら、国や社会は存続できない。婚姻が国の設ける法制度である以上、その本質は生殖の保護が

中心にあるべきではないだろうか。ところで、論点が変わるけど、憲法24条は、「婚姻は、両性の合意のみに基いて成立し」と規定しているのだから、両性、つまり男女間の婚姻以外の婚姻は認めていないのではないだろうか？

A：③確かに、憲法24条を文言どおりに解釈すればそうなるけど、それではあまりに硬直的な解釈ではなかろうか。

（オリジナル）

練習問題 2〜4 の解答と解説

問1

根拠：近年、晩婚化が進み、婚姻前の氏を使用する中で社会的な地位や業績が築かれる期間が長くなっている。

結論1：（だから）婚姻に伴い氏を改めることにより不利益を被る者が増加してきている。

結論2：だから、婚姻前に……考慮すべき人格的利益であるとはいえる。

　【解説】　原文では「……築かれる期間が長くなっていることから」とありますが、この文の語尾の「……ことから」は、「……ことである。だから」という意味です。ですから、これ以前には根拠が書かれていることになります。

　また、結論1は結論2の根拠になっていますので、ここでは結論1だから、結論2という表現にしておきます。このように複数の論証が使われるのが議論では一般的です。

問2

根拠：精神的自由は、民主主義政治にとって必要不可欠であり、また一度不当に法規制されてしまうと民主的政治過程での自浄作用が期待できない。

結論：だから、精神的自由は経済的自由に対して優越的な地位を有する。

　【解説】　ここは「なぜなら」という理由を示す接続詞が使われていますので、これ以降を根拠として、前半を結論とすればいいのです。

問3

根拠：社会のニーズや事件の具体的な事実関係に合うように制定法を解釈したり判例を発展させたりして、裁判官が法を発展させてきた確固たる伝統が存在する。

結論：したがって、合衆国の裁判官は、法の適用にあたってかなり柔軟な判断をすることができ、判決の理由づけやさらには結論そのものでさえ裁判官の見解によって異なりうる。

【解説】 この文章では、帰結を導く「したがって」という接続詞が、論証を示唆する手がかりとして使えます。

問4

根拠1：新型コロナウイルス禍以降、薬をもらうためだけに病院や薬局に出向くリスクを避けたい人が増えた。

根拠2：さまざまな事情から外出が困難な人もいる。

結論：オンラインによる非対面の情報提供や指導を可能にするための法整備が検討されてしかるべきだろう。

【解説】 この文章には接続詞が使われていません。帰結を導く接続詞がありませんので、それを手がかりに論証を探せません。そこで、各文が経験的事実なのか、それとも非経験的事実なのかをチェックする必要があります。まず、第1文の「病院や薬局に出向くリスクを避けたい人が増えた」は、調査をすれば裏が取れます。第2文の「さまざまな事情から外出が困難な人もいる」も同様に調査によって事実の確認は可能でしょう。一方、第3文の「……法整備が検討されてしかるべきだろう」は事実ではなく、「そうあるべきである」という主張になっています。そこで、第1文と第2文が事実であり、そこから飛躍した結果として第3文が結論/主張であること判断できます。

問5

根拠1：最高裁大法廷平成27年12月16日判決も、夫婦同姓を義務付ける民法750条を合憲とした。

根拠2：夫婦が別の姓を称することは、⑴家族の一体感を損なう、⑵子どもの不利益になる、などという反対論もなお根強い。

結論：日本では選択制夫婦別姓制度導入は容易ではない。

【解説】 文章中、最高裁大法廷が民法750条を合憲としたことは容易に確認できる事実です。また、夫婦別姓に対しては⑴や⑵などを理由とする反対論も根強いことも経験的事実です。これらの事実が根拠となり、日本では選択制夫婦別姓制度導入は容易ではないという結論/主張が導出されています。

根拠1：裁判で国側は「同性愛者も、異性とならば結婚できる」といい、民法などの規定は差別ではないと唱えている。

根拠2：形式的な結婚の機会は確保されている──ということだ。

根拠3：当事者たちが求めているのは「愛する人と」結婚することだ。

根拠4：形ばかりの結婚は答えにならない。

根拠5：本人が意図しない結婚の形を示すことで、当事者をおとしめているようにみえる。

結論：国側の主張は、いかに空疎で心ない主張なことか。

【解説】　この文章は、法律の教科書や判決文ではなく、全国紙の司法社説を担当する論説委員が執筆したコラム（社説そのものではありません）の一部を改変したものです。同性婚を求める人たちが起こした裁判をテーマにしているので取り上げてみました。

　前半に論証は見当たりませんが、後半に論証とみられる部分があります。文末の「国側の主張は、いかに空疎で心ない主張なことか」が、感嘆文の形を取った筆者の主張です。その根拠は、第3段落と第4段落に列挙されています。

論証(1)

根拠1：判例を法源とする明文の規定はない。

根拠2：「先例拘束性の原則」もわが国では認められていない。

結論：判例は法源ではないと言わざるを得ない。

【解説】　判例を法源とする明文規定がなく、「先例拘束性の原則」も認められていないということは、「判例は法源である」と言い切るための根拠がないということですので、「判例は法源ではないと言わざるを得ない」という結論/主張の理由になっています。もっとも、ほぼ言い換えに近いので、演繹的論証に非常に近い論証ではあります。

論証(2)

根拠：（判例には）事実上の拘束力があると考えられている。

結論：判例は法源でないと言い切ってしまうのは早計である。

　【解説】　「判例は法源ではないと言い切ってしまうのは早計である」と結論/主張を述べた後で、「事実上の拘束力はあると考えられているからである」とその理由を述べていますので、そこに論証があります。判例に一定の拘束力があると考えられているということは、判例の法源性を認める余地があるということですので、この論証は演繹的論証です。

論証(3)

根拠：裁判官独立の原則のゆえに、事前の指揮による判断の統一は許されない。

結論：法の適用・解釈の統一性は、上訴制度による事後的な是正・統一によって図るほかない。

　【解説】　論証の接続詞である「だから」が使われているので、そこに論証があるとすぐに分かります。もっとも、事前の指揮による判断の統一が許されないのであれば、事後的な統一か、そもそも統一を諦めるしかありませんので、この論証も演繹的論証に非常に近い論証です。

論証(4)

根拠：最高裁判所の判例は、以降の最高裁判所の判断を予測する手掛かりとなる。

結論：裁判官には、最高裁判所の判例に従うインセンティブが働く。

　【解説】　「最高裁判所の判例は、以降の最高裁判所の判断を予測する手掛かりとなる」は、「裁判官には、最高裁判所の判例に従うインセンティブが働く」の理由になっています。最高裁判所の判断を予測する手掛かりになるからといって、当然に、裁判官が最高裁判所の判例に従うインセンティブを持つとはいえないので、そこには飛躍があります。したがって、この論証は帰納的論証です。

論証（5）

根拠：憲法76条3項にいう「裁判官の良心」とは、一般に、裁判官個人としてのそ
れではなく、裁判官という公の立場にある者としての良心を指していると考え
られている。

結論：判例の事実上の拘束力を認めても、憲法76条3項にいう裁判官独立の原則に
反するものではない。

【解説】　「したがって」という論証の接続詞が使われているので、その前後で論証
が行われていることはすぐに分かるでしょう。「裁判官という公の立場にある者と
しての良心」の中に、最高裁判所の判断に従うべきという意味は必ずしも含まれて
いませんので、そこに飛躍があります。したがって、この論証は帰納的論証です。

問8

論証 a　①根拠1は信頼性あり、根拠2は信頼性なし。②導出は妥当。③論証は誤り。

【解説】　根拠1の「ハーバード大学の法学教授は全員高等教育を受けている」は裏
を取るのは比較的簡単です。根拠2の内容は誤りであることは明らかです。ところ
が、この根拠2の内容が正しいと仮定するのであれば、根拠1、2の組み合わせか
ら結論の「レオナルド・ダ・ヴィンチは高等教育を受けている」は導けます。根拠
1、2に結論が含意されていますので、導出は妥当ということです。論証全体として
は誤りです。

論証 b　①根拠1、2は信頼性あり。②導出は誤り。③論証は誤り。

【解説】　根拠1、2は公の報道機関からの発表に基づいているという裏は取れます。
これらは経験的事実としていいでしょう。一方、結論の内容はこの根拠1、2には
含意されていません。ここでは根拠から結論への明らかな飛躍が見られます。した
がって、演繹的論証のみが正しいという立場に立つと論証としては誤りになります。
しかし、論拠を仲介させると飛躍のある論証（帰納的論証）でも、精度の高い論証
が可能になります。

論証 c　①根拠1、2は信頼性あり。②導出は妥当。③論証は正しい。

【解説】　根拠1、2は演繹に関する基礎的ルールであり、演繹の定義の一部です。

これは論理学の基礎として知っておくといいでしょう。また、帰納的論証では、根拠の正しさとは関係なく、そこから飛躍して導かれる結論は複数想定可能であるため、どれを採用し、どれを否定するかは論拠に依存します。つまり、根拠を認めることと、結論のあり方は独立といえます。一方、演繹的論証では、根拠に含意されることを結論で導く（根拠と同じ内容を別の言葉で言い換える）のですから、根拠と結論は表裏一体です。したがって、演繹では根拠を一旦認めながら、結論を否定すると矛盾することになります。

論証 d　①根拠1は信頼性あり、根拠2は信頼性なし。②導出は誤り。③結論は誤り。

【解説】　根拠1の「人体の細胞には核がある」は事実ですが、根拠2の「赤血球には核がある」は誤りです。赤血球には核はありません。核をなくすことで容積が増し、細胞内に酸素と結合するヘモグロビンをより多く含むことができるためというのが1つの理由とされています。ですから、この2つの根拠から、「核は必ず発見されるものである」は導けません。

論証 e　①根拠1、2は信頼性あり。②導出は妥当。③論証は正しい。

【解説】　根拠2の「酸味があるとビタミン類は安定に保たれる」に貯蔵期間が長いという意味が含意されていると考えれば、根拠1、2に結論が含意されていると考えていいでしょう。

問9　1.推測　2.事実　3.意見　4.意見　5.推測　6.事実

【解説】

1. 「スポーツは始めるタイミングを逸するとマスターできない」という場合、マスターとは何かがはっきりしていません。つまり、マスターの意味が一意に決まらない以上、タイミングはいつであっても「マスター」することは可能でしょう。したがって、1の内容はあくまでも推測です。
2. 推測の結果は必ず正しいという保証は取れません。それが推測の定義の一部でもあります。ですから、「必ずしも正しくない」は事実としていいでしょう。
3. 「私は……思う」とありますので、これはあくまでも「私」の意見にすぎません。
4. 「ワシントンDCにいくなら最高裁判所の見学にいくべきだ」というのも、この発言者の意見です。事実でも、推測でもないことは明らかです。

5．認知症のタイプによっては早期発見と適切な治療により、進行を遅くすることができるという学術的報告があります。しかし、「ほとんどの認知症は早期発見すれば進行を遅くできる」とは言い切れません。これは推測になります。

6．「1つの国であっても、アメリカは州によって法律が異なる」は、裏が取れる事実です。

問10　1．帰納　2．演繹　3．演繹　4．帰納　5．帰納

問11　帰納

【解説】　水害にあった2つの町の住民が、国を相手に損害賠償の訴訟を起こしました。その結果、一方は勝訴、他方が敗訴という結果になったというのが論証の根拠になっています。そこから、「裁判で出される最終的結論は正確無比なものであると考えるのは危険である」は帰納的には無理のない結論です。しかし、根拠の内容の中に裁判で出される結論が正確無比なものではないという意味は含意されていません。したがって、ここでは根拠から結論が飛躍して導かれていることになります。

問12　演繹

【解説】　ここでは単調性と非単調性が対比的に述べられています。両者の相違は、命題の集合に新たな命題が加わっても、結論が撤回されない推論規則か、同条件下で結論が撤回されうる推論規則か、です。その前提には「したがって」以降の結論の意味が含意されていると考えられます。

問13　前半：演繹　後半：帰納

【解説】　「法的三段論法は論理的な意味での三段論法ではない」という部分までは根拠からの演繹とみてもいいのですが、その後にある「裁判所や法解釈学者の主観的ないし恣意的な法的価値判断の結果を、論理必然の推論であるかのように見せかけているものでしかないのである」は、根拠に必ずしも含意されているわけではありませんから、根拠から結論が飛躍して導かれています。

1. 過去に高頻度で起こったことは、将来にも起こる。

2. 人間より機械の方が誤りが少ない。

3. 知識量と議論力は相関する。

4. 論理的思考力が頭の良さを測る基準だ。

5. あることを繰り返し行うと、そのスキルが向上する。

6. ペンキは乾くのに時間がかかる。液体状のものは付着する。

7. 記憶は脳に宿っている。

8. 論理力、批判力は暗記しても成果につながらない。

9. 複数の人間の間で同意されるものは間違いがない。

10. 人は出身地の言葉を覚えるものだ。

問 15　解答例[9]

1. 選挙は平等であるべきだ。

2. 未成年者は、親の同意がないと高価な取引はできないはずだ。

3. 人を殴って大怪我をさせると、普通は警察沙汰になる。

4. 人の腹部をナイフで刺せば、人が死ぬ可能性があることは誰でも分かることである。

5. 妻が夫を庇うために嘘をつくことは通常あり得ることである。

9）ここでは論拠を一般常識にしていますが、1～3では、それぞれ憲法14条1項、民法5条2項、刑法204条に規定されている規範（ルール）も論拠になります。各条文の内容等については、それぞれ憲法、民法および刑法で勉強してください。また、4や5で論拠とされている一般常識は経験則ともよばれ、訴訟等における事実認定では、経験則が論拠となり、根拠となる証拠や間接事実から、結論として主要事実の認定をすることになります。事実認定、経験則、主要事実と間接事実の区別等については、民事訴訟法や刑事訴訟法で勉強してください。

問 16

根拠：新型コロナウイルスに感染・発症した方やその家族、医療や看護に携わっている方々等に対して、様々な場面での差別的な事例が報じられています。

中間結論：だから、（ハンセン病患者や回復者及びその家族が体験してきたような）病気を理由とした不当な差別、偏見、いじめ等は、けっして繰り返されてはなりません。

最終結論：だから、皆様におかれましては、むやみな恐怖心に基づく言動をとることなく、正しい情報を確認いただくとともに、人権に配慮した冷静な行動をとっていただくようお願いいたします。

根拠と中間結論に関係する論拠
論拠：過去の過ちは繰り返すべきではない。

根拠と最終結論に関係する論拠
中間結論と最終結論に関係する論拠
論拠：正しい情報に基づく行動は正しい結果を生む。
論拠：人は他の人の基本的人権を尊重すべきである。

【解説】　この文章で筆者が主張したいことは、「病気を理由とした不当な差別、偏見、いじめ等は、けっして繰り返されてはなりません」という第３文（③）と「むやみな恐怖心に基づく言動をとることなく、正しい情報を確認いただくとともに、人権に配慮した冷静な行動をとっていただくようお願いいたします」という第４文（④）です。他方、この文章における経験的事実は、「新型コロナウイルスに感染・発症した方やその家族、医療や看護に携わっている方々等に対して、様々な場面での差別的な事例が報じられています」という第１文（①）です。ですから、まず、①を根拠に③や④の結論/主張を導出しているという論証を取り出すことが可能です。そして、①と③は「過去の過ちは繰り返すべきではない」などの論拠によって結びつきます。また、①と④は「正しい情報に基づく行動は正しい結果を生む」や「人は他の人の基本的人権を尊重すべきである」などの論拠によって結びつきます。

　ここまでできれば十分なのですが、この文章は、③と④との関係を考えると難しい問題になります。③と④は、結論/主張として単に並列しているのではなく、筆者は、病気を理由とした不当な差別等が繰り返されてはならないと考えた（③）、だから、みんなに正しい情報を確認し、人権に配慮した行動をとるようお願いしたい

（④）と読むことができます。つまり、③を前提事実として、④の結論/主張が導出されていると読むわけです。そして、③と④は「正しい情報に基づく行動は正しい結果を生む」や「人は他の人の基本的人権を尊重すべきである」などの論拠（①と④を結びつけた論拠と同じ）によって結びつきます。

　以上をまとめると、文章全体では、①の根拠から中間結論③が導かれ、さらに、中間結論③を前提に最終結論④が導かれたと説明することになります。

問 17

根拠 1：「詐欺」、「強迫」、「意思表示」、「取り消す」といった言葉が何を意味しているのかは、この条文を読んだだけでは分からない。

根拠 2：制定法の条文は、様々な具体的な事案に適用されることを前提に、抽象的な言葉でできている。

結論：（だから）これらの言葉が具体的にどのようなことを意味するのかは、すべて「法解釈」に委ねられることになる。

論拠 1：条文の抽象的な文言から具体的な言葉が解釈可能である。

論拠 2：抽象的な言葉に含意される意味の解釈には自由度がある。

【解説】　この文章は上記の論証基本フォームで表すことができます。「詐欺」、「強迫」、「意思表示」、「取り消す」という言葉の具体的な意味は、法解釈によって理解することが可能となるということが論証の骨格です。また、接続詞「なぜなら」は理由を述べるときに使われますので、その内容は経験的事実です。根拠 2 の「制定法の条文は、様々な具体的な事案に適用されることを前提に、抽象的な言葉でできている」はすぐに裏が取れる事実です。この論証では、2 つの根拠から言葉の意味が法解釈を通して理解できるということを主張しています。

　この論証の論拠 1 として、抽象的な文言から具体的な言葉の解釈が可能であることが推定できます。前提に含まれる内容からより具体的な事実を引き出すには演繹が必要になります。数学や形式論理学における演繹では、論理的な誤りをしない限り正確に事実が導出されます。しかし、自然言語のみを使った演繹では、抽象的な言葉に含意される内容を引き出し、事実と合致させることが常にできる保証はあり

10）人間が意思疎通のために日常的に用いる言語であり、文化的背景をもっておのずから発展した言語のことを指す。

ません。そこで、論拠 1 では「そのことが可能である」と仮定しておく必要があります。

　また、論拠 2 は論拠 1 に含まれる内容の一部を明示していて、両者には意味的に重複しているところがあります。そのことがすべての読者に自明である場合には、論拠 2 は推定からはずしても構いません。

問 18

根拠：議会に送られる代表は、全人民の選挙によって選ばれるとはかぎらない。

結論：(だから) 議会を国権の最高機関とし、議会における代表による討論を通じて国家の基本方針と法律を定めるべきだとする近代の議会主義は、民主主義と必然的な関係はない。

論拠 1：民主主義は、議会の代表が全人民の選挙によって選出されることが条件となる。

論拠 2：前提からの結論が一意に導出される必然性の保証は、自然言語を使用する場合にも可能である。

【解説】　問題文の 2 番目の文の最初に「なぜなら」という接続詞があるので、これ以降が根拠に使われていることが分かります。そして、最初の文が主張になります。議会に送られる代表は、全人民の選挙によって選ばれることが民主主義の定義の一部になっているという主張であることがうかがえます。そこで、論拠 1 が推定されます。さらに、議会主義にいう議会の代表は定義に従って選出されないため、この議会は民主主義とは「必然的」関係がないとしています。何らかの関係なり結論が「必然的」に導かれるのは、前提に含意される意味が言語規則に従って演繹される場合だけです。そこで、論拠 2 を追加します。この論拠を追加しているのは、以下の理由によります。つまり、演繹が数学や形式論理学のような厳密な記号操作だけではなく、一般的言語使用にも使えるということを前提にしないと、「近代の議会主義は，民主主義と必然的な関係はない」という文で「必然的」という言葉を使うことはできないからです。

根拠 1：被害者の遺族が X に対する厳しい処罰を望んでいない。

根拠 2：X は本件が原因で勤務先から解雇されている。

根拠 3：X が本件について深く反省している。

結論：X に対する刑の執行を 5 年間猶予すべきである。

論拠 1：被害者側が、罪を犯したことを許している場合、重い刑罰は必要ない。

論拠 2：人は複数の制裁を同時に受けるべきではない。

論拠 3：罪を犯したことを省みることで、再犯可能性は低くなる。

　【解説】　わが国の刑法は、被告人を刑に処すべき場合であっても、一定の条件のもと、情状により、刑の全部の執行を猶予することを認めています（刑法 25 条）。

　この文章は、X の犯罪は懲役 3 年が相当であるけれども、考慮すべき情状があることを指摘し、結論として刑の執行を 5 年間猶予すべきであると述べています。

　結論の前に列挙された 3 つの情状が根拠です。これらの情状が認められる場合、加害者を実刑にするのは適当でないといえるでしょう。被害者側が厳罰を望まない場合、罪を犯したことは許されており、重い刑罰を科する必要はないと考えられます（論拠 1）。また、同一の事件を原因として、解雇という社会的制裁を受けている者に対し、重ねて実刑という制裁を科すのは酷です（論拠 2）。そして、事件について深く反省している加害者が、将来、再び罪を犯す可能性は低いといえます（論拠 3）。

根拠：A は、検察官 B の「罪を認めれば起訴しない」という言葉を信じ、痴漢したことを認める自白をした。

結論：A の自白を刑事裁判の証拠にすることは許されない。

論拠 1：任意性に疑いがある自白は虚偽のおそれがある。

論拠 2：虚偽のおそれがある自白を証拠にすれば、裁判官が判断を誤り、冤罪を生む可能性がある。

論拠 3：冤罪は防止しなければならない。

　【解説】　任意性に疑いのある自白を刑事裁判の証拠にすることは許されないという建前を、自白法則（または自白排除法則）といいます（憲法 38 条 2 項、刑事訴訟法

319条1項)。

　Aの自白のように、起訴するかしないかの決定権を有する検察官Bが、「罪を認めれば起訴しない」という利益を与えることを約束したことによって得られた自白についても、刑事裁判の証拠にすることは許されないと考えられています。これが本問の結論です。

　なぜ任意性に疑いがある自白を証拠にすることはできないのでしょうか。1つの考え方として、次のようなものがあります。

　本問のAは、痴漢の事実を否認していたのに、Bの約束を信じて自白しているので、Bの約束に心理的な影響を受け、刑事裁判を避ける目的で虚偽の自白をしたおそれがあります（論拠1）。虚偽のおそれがある自白を証拠にすると、実際はAが痴漢の犯人ではないのに、裁判官が判断を誤り、冤罪を生む可能性があります（論拠2）。もとより裁判官が判断を誤って冤罪を生むことは許されません。それを防止するため（論拠3）、任意性に疑いのある自白を証拠にすることはできないと考えられます。

問 21

根拠：そもそも職場におけるパワハラもセクハラも違法である。

結論：出るところに出て転職をさっさと考えるというのが、いちばん幸せかなというふうに思う。

論拠1：違法なことがあっても耐えなければいけないという意識は誤りである。

論拠2：違法なことを我慢し続けることは幸せではない。

【解説】　対談での発言から論証を見つける問題です。

　一読しただけでは分かりにくいですが、Aの2回目の発言中に「……違法なんですから」という表現があるので、論証が生じていることに気づくでしょう。Aは、そもそも職場におけるパワハラもセクハラも違法なのだから、「出るところに出て転職をさっさと考えるというのが、いちばん幸せかなというふうに思う」と主張しています。

　ハラスメントが違法であるから転職すべきであるという主張には飛躍があります。ここでは、「違法なことがあっても耐えなければいけないという意識は誤りである」とか、「違法なことを我慢し続けることは幸せではない」といった論拠があると推定されます。

1. **論拠**：他人の印章を勝手に持ち出して押印したり（盗用）、印章を預かっている者が本人に無断で押印したり（冒用）する可能性は低い。

【解説】　契約書にされている押印と A 所有の印章による押印が一致したからといって、必ずしも契約書への押印が A の意思に基づいてされたものとは限りません。印章の盗用や冒用の可能性があるからです。しかし、その可能性は一般に低いと考えられます。これは、契約書への押印が A の意思に基づいてされたものに違いないと結論づける理由になっています。

　民事裁判では、証拠として提出された文書がその名義人（契約書の場合は契約当事者）の意思に基づいて作成されたものであるかどうか（文書が真正に成立したかどうか）が問題となります。この点に関連して、民事訴訟法 228 条 4 項は、「私文書は、本人又はその代理人の署名又は押印があるときは、真正に成立したものと推定する」と定めています。この規定で「本人の押印がある」とは、「本人の意思に基づく押印がある」という意味です。そして、本人所有の印章による押印があれば、その押印は本人の意思に基づくものと一応いってよいというのが判例です（最判昭和 39・5・12 民集 18 巻 4 号 597 頁）。本問は、この判例の論証をベースにしたものです。

2. **論拠**：婚姻関係にある者は不貞行為を働くべきでない。

【解説】　妻 A が夫 B との婚姻中に妊娠したからといって、生まれた子 C が必ず夫 B との間の子であるとは限りません。妻 A が不貞行為を働いた可能性があるからです。しかし、婚姻関係にある者は不貞行為を働くべきではありません。これは、C が、夫 B の子であるといえる理由になっています。

　なお、民法 772 条 1 項は、「妻が婚姻中に懐胎した子は、夫の子と推定する」と定めています。本問は、この規定に含まれる論証をベースにしたものです。

3. **論拠**：共同事業の利益分配の割合と損失分担の割合は同じであるのが公平だ。

【解説】　共同で事業を営む当事者が、その事業によって生じるであろう利益についてだけ分配の割合を定めている場合、損失についても同じ分担の割合でよいと考えているとは限りません。しかし、利益と損失とは表裏の関係にありますから、利益の分配の割合と損失の分担の割合とは同じにするのが公平と考えられます。

なお、民法674条2項は、「利益又は損失についてのみ分配の割合を定めたときは、その割合は、利益及び損失に共通であるものと推定する。」と定めています。本問は、この規定に含まれる論証をベースにしたものです。

　4．論拠：重要かつ高額の物について契約をする際には、契約書を作成するのが普通だ。

【解説】　契約書の作成は契約成立の要件ではありませんから（民法522条2項参照）、契約書を作成していないからといって、当然に契約が締結されていないということにはなりません。しかし、土地のような重要かつ高額の物に関する契約では、契約書を作成するのが普通ですので、契約書が作成されていない以上、まだ契約は締結されていないと考えるのが自然です。

問23　解答例

論証(1)
根拠：人の性的指向は生まれつきのものだ。

結論：（人の性的指向は）自己の意思では変えられない。
論拠：生得的なものを心理的・後天的に制御するのは不可能である。

【解説】　Aの①「人の性的指向は生まれつきのもので、自己の意思では変えられない」は一文となっていますが、「人の性的指向は生まれつきのものだ。だから、自己の意思では変えられない」という論証になっています。この「性的指向が生まれつきである」という根拠に、「自己の意思では変えられない」は含意されていません。そこで、上記のような論拠が必要になります。

論証(2)
根拠：人の性的指向は自己の意思では変えられない。

結論：同性同士の婚姻を認めるべきだ。
論拠：真に愛し合っている者同士の関係には法的保護を与えるべきだ。

【解説】　論証(2)では、論証(1)の主張である「人の性的指向は自己の意思では変えられない」を根拠として、「同性同士の婚姻を認めるべきだ」という結論/主張を導出しています。この根拠に同性婚の是非は含まれていませんので、論拠が必要に

なります。この場合の論拠としては、たとえば、異性間であれ同性間であれ、「真に愛し合っている者同士の関係には法的保護を与えるべきだ」が考えられます。

　次に、Ａの①に対する応答であるＢの①には、下記の論証（3）と論証（4）が含まれています。

論証（3）
根拠：人の性的指向は自己の意思では変えられない。

結論：同性愛自体は認められるべきだ。
論拠：自然な感情を抑圧してはならない。

　【解説】　論証（3）では、「人の性的指向は自己の意思では変えられない」という根拠と、「同性愛自体は認められるべきだ」という結論/主張との間には飛躍があります。この場合は、上記のように、「自然な感情を抑圧してはならない」が論拠になるでしょう。

論証（4）
根拠：同性婚では子どもが産まれない。

結論：同性婚を認めることには反対だ。
論拠：婚姻という制度の本質は生殖の保護にある。

　【解説】　論証（4）では、「同性婚では子どもが産まれない」ことと、「同性婚を認めることには反対だ」という主張との間に飛躍があります。Ｂの①では論拠が示されていませんが、このＢの①を受けて、Ａの②でＡが論証（4）の論拠を推測しています。Ａの②で言われているように、婚姻という制度の本質が生殖の保護にあるとすれば、子どもが産まれることのない同性同士の婚姻を認めるべき理由はないことになります。この点で、「婚姻という制度の本質が生殖の保護にある」ことは、論証（4）の論拠になっています。

　このＢの①に対する応答であるＡの②には下記の論証（5）がみられます。

論証（5）

根拠：はじめから子どもをもうけることを望まない場合や高齢者同士の場合などのように、生殖が想定されない場合でも、婚姻は認められている。

結論：同性婚だって認めてよい。

論拠1：同様のものは同様に扱うべきである。

論拠2：婚姻制度の本質は愛情関係の保護にある。

【解説】「生殖が想定されない場合でも、婚姻は認められている」は、異性間について言っているだけで、同性間については語っていませんので、「同性婚だって認めるべき」という主張には飛躍があります。そこで、「同様のものは同様に扱うべきだ」という論拠を置けば、同性同士の場合も、生殖が想定されない点で高齢者同士の場合などと同様なのだから、同性婚を認めてもよいではないかという主張につながります。また、この発言が、「婚姻制度の本質は生殖の保護にある」というBの論拠に対する反論であることや、生殖を想定しない婚姻が認められる理由を考えてみると、「婚姻制度の本質は愛情関係の保護にある」が論拠になっているものと考えられます。

　このAの②に対する反論であるBの②には、まず下記の論証（6）があります。

論証（6）

根拠1：大半の婚姻は生殖を想定している。

根拠2：子どもを産み育てる人がいなくなったら、国や社会は存続できない。

根拠3：婚姻は国の設ける法制度である。

結論：婚姻制度の本質は生殖の保護が中心にあるべきだ。

論拠1：ものごとの本質は、一般的な場合を想定して考えるべきだ。

論拠2：国や社会の存続を考慮しない法制度は自己矛盾である。

【解説】「大半の婚姻が生殖を想定している」からといって、必ずしも、「婚姻制度の本質としては生殖の保護を中心に置くべきだ」ということにはなりません。そこで、「ものごとの本質は、一般的な場合を想定して考えるべきだ」という論拠を置けば、「婚姻制度の本質は生殖の保護が中心にあるべきだ」という主張とつながります。

　また、この主張の根拠として、Bは、「子どもを産み育てる人がいなくなったら、

国や社会は存続できない」や「婚姻は国家の設ける法制度である」も挙げています。これらと「婚姻制度の本質としては生殖の保護を中心に置くべきだ」という主張との間にも飛躍があります。国がなければ婚姻という法制度もないので、国や社会の存続を考慮しない法制度は自己矛盾だと考えられます。そこで、これが「婚姻制度の本質は生殖の保護が中心にあるべきだ」という主張の論拠となります。

　論証（6）の後で、Bの②ではさらに、論点を変えて下記の論証（7）が行われています。

論証（7）

根拠：憲法 24 条は、「婚姻は、両性の合意のみに基いて成立し」と規定している。

結論：憲法 24 条は、男女間の婚姻のみを認めるもので、同性婚は認めていない。

論拠：法律の条文は、その文言どおりに解釈するべきである。

【解説】　法律の条文の読み方（解釈）には、ある程度の幅がありえます。条文に用いられている文言や文章を通常の意味どおり、文法どおりに解釈する（「文理解釈」といいます）のが基本ですが、どのような解釈をするべきかは、考え方によって異なります。すなわち、憲法 24 条に「両性の合意のみ」と定められているからといって、当然に、同条が同性婚を認めていないということにはなりません。そこで、「法律の条文は、その文言どおりに解釈するべきである」は、根拠である憲法 24 条の規定の文言から、同性婚は認められないという主張を導出する論拠になります。

　なお、本書の読者のみなさんは、ひょっとするとまだ法の解釈について学んでいないかもしれません。しかし、この場合の論拠自体は特に法の解釈について知らなくても解答できると思われます。また、法の解釈には幅があり、文理解釈が基本ではあるものの、それ以外の解釈も可能であることは、法学の初歩中の初歩ですので、これを機会に学ばれるとよいと思います。

第4章

議論を空間的に配置する
論証図を使って議論を検討する

　私たちが文章を読む（または書く）ときに、「書かれていることが分かる」という感じがもてるのは、書かれている複数の結論/主張間が論理的にどのような関係で結合しているかを把握できているからです。つまり、文と文の接続関係、根拠と主張との関係（論証）についてフォローできているのです。ですから、文章の理解とは、各文の主張と主張の関係性を把握することを意味するのです。逆に、仮に文章を読んでいて、文脈についていくことができなくなり、再度読み返しが必要な場合は、隣り合わせになっている主張の間の論理的関係が切れてしまっている可能性があります。言い換えるなら、隣接する結論/主張の内容が互いに無関係な文を読まされている可能性があるのです。まとめます。一定の長さのある文章を把握するには、文章中のそれぞれの箇所で展開しているそれぞれの論証に注意を集中し、その結論/主張が何かを把握しておく必要があるのです。

　私たちが読み書きする文章は、一般に複数のパラグラフ[1]から構成されています。1つのパラグラフには1つの主張とそれを支持する根拠、つまり1つの論証が含まれています。ですから、複数のパラグラフから成る文章を理解するには、複数の論証間（複数の主張間）の関係性を把握しなくてはなりません。論証間の関係性を把握する上で便利なのが**論証図**です。文章において、論証同士がどのように関係しあって最終的結論を導いているのか、その構造を空間的に配置し、鳥瞰図的に把握することが、議論を理解し、さらに議論を深めるための

1）論証を文章として表現する際の基礎的単位を指します。段落とは全く異なるもので、詳細は第5章で解説します。

第一歩です。

4-1　論証間の関係を明確にする論証図

　私たちは文章を読む場合、一般に前から後ろへと読み進めます。したがって、文章のさまざまな箇所で展開される論証を、一気に鳥瞰図的に捉えることは困難です。つまり、文章の中から、(a)どの部分が<u>主論証</u>（最終的結論を直接に導くための論証）であり、(b)どの部分が<u>副論証</u>（主論証を支えている複数の論証群）なのか、さらに、(c)副論証が最終結論を導く論証（主論証）とどこで結合するかを一気に把握するのは簡単ではありません。このように時系列的、連続的に展開される議論の全体を俯瞰し、視覚的に捉えるために使うのが<u>論証図</u>²⁾です。

　複数の論証を論証図にすることによって、次の3つのことが分かりやすくなります。(1)1つ1つの根拠がどの結論/主張を導出するために使われているのか、(2)複数の根拠が結合して、一体となって結論を導く場合と、それぞれの根拠が独立に結論を導くことが、区別されているのか、また(3)各論証に使われている論拠の内容は何か等々を比較検討することの3つです。

　文章を論証図にすることによって、ひとまとまりの複数の論証の中に質的に異なる論拠が見つかれば、論証の論理的背景に一貫性がないことを示唆している可能性があり、論証全体の整合性が崩れることも考えられます。このように、文章を論証図にすることは、文章を批判的に読むことに通じるのです。

　なお、ここでの論証図に関する表現は野矢(1997)をベースにし、それにトゥールミン・モデルにおける①論拠、②反証・反駁（反証可能性）、③論証の各要素（主張、根拠）の分類の3点を加えたものを使用します。

2）トゥールミン・モデルは、議論を論証図に配置したものです。

　読者のみなさんの中には、司法試験を目指している人もいると思います。それでは、本書で学んだトゥールミン・モデルは、司法試験に役立つのでしょうか？

　司法試験には、短答式と論文式の２つの試験があり、両試験の得点を合算して合否判定をしますが、合算の際の短答式と論文式の比重は１：８です。ですから、比重の大きい論文式ができないと司法試験合格は難しくなります。

　論文式では、比較的長文の具体的な事例に関する出題がなされ、受験生は、問題文と貸与される六法だけを参照して、解答することになります。問題文には、受験生の応用能力を試すために、分析検討次第で結論を左右するような事実が散りばめられており、受験生がこれらの事実に気づき、法律家らしく分析検討をして結論を導くことができれば、高い点数がつきます。

　しかしながら、受験生の多くは、判例や学説を覚えることが勉強の中心となり、結論を左右するような事実の分析にはあまり力を入れていないように思います。その結果、論文式試験において、暗記した論点の論述パターンはしっかり書いたとしても、出題者が分析検討して欲しい事実に気づかないとか、気づいても適切な分析検討ができず、点数が伸びないということが多いと思います。

　しかし、トゥールミン・モデルを学ぶことで、結論を左右するような事実の分析力を鍛えることができます。なぜなら、トゥールミン・モデルでは、一定の結論を主張するためには、根拠となる事実の指摘が必須であり、この事実があるから、このような結論になるべきだという思考が身につくからです。そうすれば、司法試験でも、結論を左右するような事実に気づき、適切な分析ができるようになると思われ、司法試験に合格する可能性が高くなると思います。

　また、トゥールミン・モデルは、法的三段論法の修得にも役立つので（コラム「トゥールミン・モデルと法的三段論法の比較」〔92頁〕参照）、その意味でも司法試験に役立つと思います。

4-2　論証の３タイプ：単純論証、結合論証、合流論証

「前提となる根拠がどのように組み合わさって結論/主張を導出するのか」という視点から、論証を３つのタイプに分けることができます。それらは**単純論証**、**結合論証**、**合流論証**の３つです。どんなに複雑な議論であっても、それが論理的に展開されている限り[3)]、この３つのタイプの論証を組み合わせることによって論証全体の構造を論証図として表現することができます。

4-3　論証図で使う記号

論証図では、複数の論証間の関係を簡潔に表現するためにいくつかの記号を使います。たとえば、根拠をP、結論をQとした場合、「PだからQ」という論証を「P → Q」という記号で表します。→ は導出を指します。つまり、→ があればそこで論証が生じているということを示します。

帰納的論証では、導出が１回あれば、そこに必ず最低１つの論拠が介在するはずです。ですから、→ のあるところにはその横にW（warrant：論拠）を添え、論証の順番に合わせてW1、W2のように表現します（図12〔129頁〕）。推定した論拠は論証図とは別にリストアップして書き出します。また、トゥールミン・モデルの全体図（第３章図8〔91頁〕）に含まれる反証が論証に追加される場合は、R（rebuttal：反証・反駁）を矢印（→）の脇に記入します。Rも論証図とは別の場所に内容を書き出します。反証・反駁に関する文に番号をつけて、その番号をRの脇に書いてもよいでしょう。さらに、論証に使われている内容が事実（E）、推測（G）、意見（OP）かを区別するために、図の文番号の横にそれらの記号を書いておきます。

3）論証図に組み込めない文がある場合には、文章が論理的に構成されていないことを示します。

図 12 　一般的な論証図の表現法

W1：文で表現された論拠

R1 　：文で表現された反証・反駁（または、反証・反駁に対応する文番号）

1 つの前提/根拠から 1 つの結論/主張を導出する論証を**単純論証**といいます。

例文 1

　①これからの法律の条文作りは、今までになく大変になるでしょうね。②なぜなら、AI 関連での訴訟内容は未知ですからね。

例文 1 を論証図にすると、次のようになります。

論証図 1

②E

W1

① OP

W1：新しい技術は想定しきれない問題を含む。

例文 2

　①彼は弁護士だって。じゃあ、②論理的に考えられるはずだよね。

例文 2 の論証図は、次のように表現できます。

論証図 2

W1：論理的思考を使う能力は弁護士にとって必須である。

4-5 結合論証

　内容が類似する複数の根拠が組み合わさって 1 つの根拠群を作り上げ、それが一体となってある結論を導く論証を<u>結合論証</u>といいます。なお、内容の類似性をどう決定するかに基準があるわけではありません。

例文 3

> ①新制度の下でも、以前と同様に大多数の判事や判事補が再任されている。②新制度発足後の 3 年間で、再任が不適切とされた裁判官と申請を撤回した裁判官を合わせても、全体の 3％強に過ぎない。③残りの約 97％は再任されている。したがって、④現職の判事や判事補にとっては、10 年ごとの再任審査よりも、昇給、配置転換、昇任・降格などの人事評価のほうが実質的に大きな意味をもつのかもしれない。
>
> （ダニエル・フット、2007 年、228 頁より改変）

論証図 3

W1：予測される一定の変化より、予想不可能の変化の方からの影響を受けやすい。

　この例では、根拠①から根拠③までは同一対象について言及しており、内容は互いに類似しています。これらの根拠は同じ方向を向いています。②と③は同じことの言い換えです。これら 3 つの根拠が互いに補いながら、結論④を導

いています。

　論証図3にあるように、結合論証で2つ以上の根拠が結合する場合は＋の記号を使い、根拠同士が結合していることを示します。さらに、結合した根拠の下に線を引きます（例：①＋②＋③）。そして、これら結合した根拠が一体となって結論を導くことを示すため、この線の下から結論導出の → を書きます。この場合、根拠が3つでも、結論の導出は1回しか起こっていません。ですから、推定する論拠も1つになります。

4-6　合流論証

　内容的に異なる、互いに独立である複数の根拠が提示され、かつ、それぞれが独立に1つの結論を導出するような場合を**合流論証**といいます。結合論証では複数の根拠の内容がお互いに類似しているものでした。一方、合流論証に使われる根拠1つ1つは単独で、他の根拠とは異なる種類の意味内容をもちます。ただし、ある根拠が他の根拠から独立であることを示す基準があるわけではありません。

例文4

> ①日本人は専門家の言うことに合わせようとする。②日本人は社会的決定を他人に任せようとする。だから、③一般市民は専門家と評議する場で発言できなくなる。
>
> （ダニエル・フット、2007年、286頁より改変）

論証図4

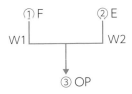

W1：日本人は集団主義的で和を重んじる。
W2：日本人は個人的責任を避ける傾向にある。

この論証例では、根拠①②は内容的にそれぞれ別のことについて言及しています。つまり2つの異なる論証が生じていますが、結論は同じです。別の論証が2回生じていますので、論拠も2つ推定する必要があります。

練習問題 5　単純論証 （解答と解説は章末にあります）

問1 次の文章から論証を取り出して、論証図にしてください。

(a) ①彼は弁護士になるのが夢だって。じゃあ、②司法試験に合格しないとね。

(b) ①殺人現場に彼はいた。だから、②彼が犯人として疑われている。

(c) ①彼は犯人じゃないことが判明した。なぜなら、②彼にはアリバイがあるからね。

(d) ①事件の公的解決の方法が裁判だ。だから、②可能な限り個人的に和解するのがベストだ。

(e) ①腰が痛い。②長い間座ったままパソコンを使っているからね。

(f) ①風が強いね。じゃあ、②目にゴミが入るんじゃない。だったら、③サングラスが必要かもしれないね。

4-7 より複雑な論証間の関係を論証図にする

　単純、結合、合流論証を使って異なるタイプの論証を表現する方法が分かりました。これらの方法を使って、複数の論証が埋め込まれている文章を論証図にすることができます。さっそくやってみましょう。

　次の例文から複数の論証を取り出し、その論証間の関係を論証図にしていきます。さらに、導出が行われる箇所では論拠を推定します。まずは、単純、結合、合流論証がどう組み合わさるのかについて考えながら、次の最高裁の判決文を一読してください。

4-7-1　ちょっと複雑に見える単純論証

例文5

> ①被害者が平均的な体格ないし通常の体質と異なる身体的特徴を有していたとしても、それが疾患に当たらない場合には、特段の事情の存しない限り、被害者の身体的特徴を損害賠償の額を定めるに当たり考慮に入れることはできないと解すべきである。②そして、極端な肥満など通常人の平均値から著しくかけ離れた身体的特徴を有する者が、転倒などにより重大な傷害を被りかねないことから日常生活において通常人に比べてより慎重な行動をとることが求められるような場合は別にしても、そうでない人は個体差の範囲内として考えるべきである。③上告人の身体的特徴は首が長くこれに伴う多少の頸椎不安定症があるということであり、これが疾患に当たらないことはもちろん、このような身体的特徴を有する者が一般的に負傷しやすいものとして慎重な行動を要請されているといった事情は認められない。④だから、特段の事情があるとはいえず、当該の身体的特徴と本件事故による加害行為とが競合して上告人の傷害が発生し、又は身体的特徴が被害者の損害の拡大に寄与していたとしても、これを損害賠償の額を定めるに当たり斟酌するのは相当でない。

（最判平成8・10・29民集50巻9号2474頁（2477-2478頁）より改変）

【解説】　論証図を書けといわれても、どこから手をつけていいか途方に暮れる

かもしれません。まず、最初のステップは、文章中の最終的結論を見つけることです。探し方で一番単純な方法は、「だから」という帰結を導く接続詞を文章中に探し、その直前が根拠で、その直後が結論であろうという探し方です。例文5の場合には「だから」が1つだけ使われています。ですから、本例の論証では④が結論だと分かります。④を導くために使われている根拠は③です。つまり、「③、だから④」という論証になっています。

次に残りの①、②の内容を検討してみます。①は「被害者の身体的特徴を損害賠償の額を定めるに当たり考慮に入れることはできないと<u>解すべきである</u>」と、「～するべきである」という一般的な理由を述べています。さらに、②では、「身体的特徴が通常人の平均値から著しくかけ離れた人であっても、特別な場合を除き、一般には個体差の範囲内として<u>考えるべきである</u>」としています。つまり、②は、損害賠償との関係ではなく、一般的に身体的特徴の幅は個体差の範囲内であるといっているのです。①と②は別のことをいっていますが、ともに「③、だから④」という論証における論拠の部分にあたります。

このように、ここでの論証は③が単独で④の結論を導いていますので、単純論証です。①と②は論拠にあたります。

論証図5

③E

W1①
W2②

④OP

4-7-2　結合論証の例

例文6

①氏は、婚姻及び家族に関する法制度の一部として法律がその具体的な内容を規律しているものであるから、氏に関する人格権の内容も、憲法上一義的に捉えられるべきものではなく、憲法の趣旨を踏まえつつ定められる法制度をまって初めて具体的に捉えられるものである。②そこで、民法における氏に関する規定を

通覧してみると、氏の性質に関し、氏に、名と同様に個人の呼称としての意義があるものの、名とは切り離された存在として、夫婦及びその間の未婚の子や養親子が同一の氏を称するとすることにより、社会の構成要素である家族の呼称としての意義があるとの理解を示していることが分かる。そして、③家族は社会の自然かつ基礎的な集団単位であるから、個人の呼称の一部である氏をその個人の属する集団を想起させるものとして１つに定めることにも合理性がある。④本件で問題となっているのは、婚姻という身分関係の変動を自らの意思で選択することに伴って夫婦の一方が氏を改めるという場面であって、自らの意思に関わりなく氏を改めることが強制されるというものではない。⑤氏は、個人の呼称としての意義があり、名とあいまって社会的に個人を他人から識別し特定する機能を有する。⑥氏は、自らの意思のみによって自由に定めたり、又は改めたりすることを認めることは本来の性質に沿わないものであり、一定の統一された基準に従って定められ、又は改められるとすることが不自然な取扱いとはいえない。⑦氏が、親子関係など一定の身分関係を反映し、婚姻を含めた身分関係の変動に伴って改められることがあり得ることは、その性質上予定されている。したがって、⑧現行の法制度の下における氏の性質等に鑑みると、婚姻の際に「氏の変更を強制されない自由」が憲法上の権利として保障される人格権の一内容であるとはいえない。

（最判平成 27・12・16 民集 69 巻 8 号 2586 頁（2588-2589 頁）より改変）

論証図 6

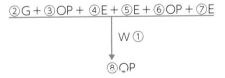

【解説】 ⑧の前に「したがって」とありますので、⑧が結論/主張だと分かります。その前の、②から⑦はいずれも、氏に関する人格権の内容を検討するうえで考慮すべき要素であり、これらが合わさって⑧の結論を導いています。したがって、本文章は結合論証となります。なお、②は推測、③と⑥は意見ですが、概ね受け入れられるであろう推測や意見であり、事実に近いものと思われます。

①は結合論証における論拠となっています。一般に、論証において論拠は明示されない場合が多いのですが、最高裁の判決文では冒頭に、それ以降で展開する論証の論拠をまず言明する形をとることがあります。

4-7-3　単純論証と結合論証を組み合わせる

　次に、単純論証と結合論証が組み合わされた論証を検討してみましょう。次の文章を読んでください。

例文7

> 　①民事の被告側弁護士と刑事事件の弁護士は、固有の特殊な問題を抱えている。②様々な法実務での個別の留意点が何であれ、裁判官や陪審員などの判断権者の価値観を理解しなければならないという緊急の必要性に直面する。③そして、こちら側の依頼人の利益にかなうような判断を導いてくれるように、それらの人々の価値観にこちらの側をうまく合わせていかなければならない。④これをうまくやれるようになるには弁護士は訓練と経験が必要である。だから、⑤裁判官や陪審員の信頼を勝ち取るために努力を惜しんではならない。
>
> （ホロウェイ、2021年、293頁より改変）

論証図7

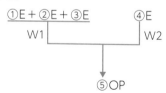

W1：様々な局面に対処するためには日頃のトレーニングが欠かせない。
W2：様々な局面に対処するためには日頃のトレーニングが欠かせない。

【解説】　①弁護士が直面する問題として、②裁判官や陪審員などの判断権者の価値観を理解し、③判断権者の価値観にこちらの側をうまく合わせる必要がある。これら3つは内容的に同じカテゴリーに入れていいでしょう。これらとは独立に、④価値観をうまく合わせるために弁護士は訓練と経験が必要であると

しています。この論証は単純論証と結合論証の組み合わせになっていますが、論拠は共通しています。

4-7-4　単純論証と合流論証を組み合わせる

　今度は単純論証と合流論証の組み合わせから成る論証図を考えてみましょう。次の最高裁の判決文を読んでください。

例文8

---

　①責任能力のない未成年者がゴールに向けてフリーキックの練習をすることは、通常は人身に危険が及ぶような行為であるとはいえない。②親権者の直接的な監視下にない子の行動についての日頃の指導監督は、ある程度一般的なものとならざるを得ない。③通常は人身に危険が及ぶものとはみられない行為によってたまたま人身に損害を生じさせた場合は、当該行為について具体的に予見不可能である。したがって、④特別の事情が認められない限り、子に対する監督義務を尽くしていなかったとすべきではない。

（最判平成27・4・9民集69巻3号455頁（459頁）より改変）

【解説】　まずは文章中の最終的結論を見つけます。後ろの方に「したがって」という接続詞がありますので、この直後の④が結論になっています。その根拠は直前の③です。ここは「③だから④」という単純論証になります。

　次に残りの①、②を見ます。①は、「ゴールに向けてフリーキックの練習をすることは、通常は人身に危険が及ぶような行為であるとはいえない」とあり、この内容から引き出されている結論が③です。③は、「通常は人身に危険が及ぶものとはみられない行為」というように、①の具体的な内容をより抽象的な表現にしています。そこで、「①だから、③」という論証がここにあることが分かります。

　②は、親権者の子に対する指導監督の一般性について言及している内容で、①、③とは独立しています。②は単独で④を導いています。論証全体としては単純論証と合流論証が合体していますので、論証図8のようになります。

論証図 8

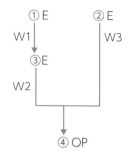

W1：偶発的に生じる現象は予測不可能である。

W2：予見できない結果は監督不可能である。

W3：親権者の直接の監視下にない子の行動について、個別具体的な
指導監督を要求するのは無理である。

4-7-5　結合論証と合流論証を組み合わせる

　次に結合論証と合流論証が組み合わされた論証を検討しましょう。次の文章を読んでください。

例文 9

---

　①「概念法学」は事実を記述する命題（記述理論）として間違っている。すなわち②偽なる命題である。③法令と法令の間に矛盾や抵触が存在し、判例と判例の間で矛盾や抵触が存在することは知られており、完全無欠ではない。④法学には種々の学説の対立があることからわかるように、複数の相互に両立しない解釈可能性が残されている。⑤裁判所や裁判官によって、その判断に相違が生じることもよく知られた事実である。⑥「概念計算」のみによって、すべての紛争と社会問題を公正妥当に解決できるものではない。⑦事実認定自体も、同じ証拠方法と事実主張がなされたとしても、裁判所や裁判官によって異なりうる。したがって、⑧概念法学を主張する法学者も、「裁判自動販売機説」[4]を主張する法実務家も、現在では存在しない。

（太田勝造、2020 年、43 頁より改変）

論証図 9

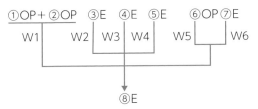

W1：良識あるものは偽の命題から成る論理を支持しない。
W2：完全でないものをベースにした主張は評価が低い。
W3：結論が常に真、または常に偽になる命題は無意味である。
W4：明白な事実を無視することはできない。
W5：互いに関連する一方が無効なとき、他方も無効である。
W6：事実の解釈は解釈する人間の仮定に依存している。

【解説】　②は①の言い換えですので、当然ここは結合しています。③から⑤までは法が抱える基本的問題点を根拠としてリストアップしたもので、相互に事実関係として関連はしますが、内容は互いに独立です。⑥の概念計算は⑦の事実認定関連の内容とは互いに独立した内容です。ですから、合流論証になっています。したがって、全体として見ると本文章は結合論証と2つの合流論証から成る論証ということになります。

4）法概念の論理的操作だけで正しい法的結論を導くことができるとする考え方を「概念法学」といいます。そしてどの裁判所のどの裁判官によっても、同じ事実関係の紛争であれば同じ判決となるとする主張を、太田教授は「裁判自動販売機説」とよびます。

問2▶ 次の文章から結合論証を取り出して論証図にしてください。

> ①主権者たる国民は、さまざまな言論活動に接することで得られる情報を
> もとに意思決定している。だから、②憲法 21 条 1 項が保障している表現の
> 自由は憲法上の権利の中でも特に重要な人権だと思う。だって、③政府の不
> 正を国民が知ることができなければ、国民は政府の不正を正す意思決定がで
> きないでしょ。

問3▶ 次の文章から結合論証を取り出して論証図にしてください。

> ①週刊誌を出版する A が、国会議員 B が選挙違反をしていたという事実
> をスクープした。②A の取材に対し B は事実を否認していたが、A は、B の
> 選挙違反の動かぬ証拠をつかんでいた。だとしたら、③A は名誉棄損罪に問
> われないはずだ。

問4▶ 次の文章から結合論証を取り出して論証図にしてください。

> ①裁判所は、表現の自由を制限する法律については、厳格な基準で積極的
> に合憲性を判断すべきだ。だって、②裁判所が法律の合憲性を判断できるこ
> とは憲法 81 条に書かれているじゃないか。それに、③表現の自由の侵害は、
> 民主主義の過程で正すことが困難じゃないか。

問5▶ 次の文章から合流論証を取り出して論証図にしてください。

> ①憲法 21 条 1 項で保障されている表現の自由は、憲法上の人権の中でも、
> 特に重要な人権だといえるね。だって、②個人が自らの価値観に基づいて自
> 由な表現活動をすることは、憲法 13 条が規定している個人の幸福追求に直

結することだからね。また、③主権者たる国民が適切な意思決定をするため必要な情報を得るためには、自由な言論活動により多くの情報が社会に流通している必要があるからね。

問6 次の文章を論証図にしてください。

　①本件市道の本件事故現場付近の区間においては、本件事故発生より前の時点で路面凍結を原因とする交通事故により道路施設が毀損されたという事故の報告はなく、また、②漏水や溢水、湧水等のために路面凍結が発生しやすくなっていたという事実も認められないから、③本件事故現場付近での路面凍結の可能性は、少なくとも本件事故発生の時点までは、一般的抽象的な可能性の域を超えるものではなく、④路面が凍結して車両の運行に危険を来す客観的具体的な蓋然性は発生していなかったと認められる。

（広島高松江支判平成 25・1・30 判時 2191 号 49 頁（53 頁）より改変）

問7 次の文章を論証図にしてください。

　①法的紛争とは、要するに法律関係に関する紛争である。そして、②法律関係とは権利義務関係のことである。だから、③法的紛争では権利義務の存否が争いになっている。それでは、④権利義務の存否をどのようにして判断すればよいだろうか。⑤法規範は、どのような場合にどのような権利や義務が発生するかを定めている。だから、⑥法的紛争を解決するためには、法規範が必要となる。

問8 次の文章を論証図にしてください。

　①法的紛争の解決、すなわち権利義務の存否の判断は、法規範の要件を充足する具体的事実があるかどうかを確かめて、それがあるとなれば、その法規範の定める効果の発生を認める、要件を充足する具体的事実がなければ、効果の発生を認めない、という形で行われる。②実際の法的紛争の内容は事件ごとに千差万別である。だから、③法規範の要件はどうしても抽象的に記

述せざるをえない。

問9 次の文章を論証図にしてください。

①婚姻の本質は、両性が永続的な精神的及び肉体的結合を目的として真摯な意思をもって共同生活を営むことにある。②異性愛と同性愛の差異は性的指向の違いのみである。だから、③同性愛者であっても、その性的指向と合致する同性との間で、婚姻している異性同士と同様、婚姻の本質を伴った共同生活を営むことができる。④民法等が同性婚について定めなかったのは、昭和22年民法改正当時、同性愛は精神疾患とされ、同性愛者は、社会通念に合致した正常な婚姻関係を築けないと考えられたためにすぎない。しかし、⑤そのような知見は現在に至って完全に否定されている。したがって、⑥同性愛者が異性愛者と同様に婚姻の本質を伴った共同生活を営んでいる場合において、本件規定がこれに対する一切の法的保護を否定する趣旨・目的まで有するものと解するのは相当ではない。なぜなら、⑦仮にそのように解したときには、本件規定は、誤った知見に基づいて同性愛者の利益を否定する規定と解さざるを得なくなるからである。

(札幌地判令和3・3・17判時2487号3頁（13頁）より改変)

5）「法規範」は、要件と効果から成り立っています。すなわち、法規範は、基本的に、「これこれの場合には、これこれの権利義務が発生する」という形になっています。この「これこれの場合」のところが「要件」、「これこれの権利義務が発生する」のところが「効果」です。条文によっては、必ずしもこのとおりになっていないものもありますが、少なくともこの形に言い換えることが可能です。また、効果としては、権利義務が発生する場合だけではなく、権利義務の発生が妨げられる場合、権利義務が消滅する場合、権利の行使が阻止される場合もあります。

4-7-6　主論証と副論証を組み合わせて論証全体を捉える

　さて、論証図の最後に、これまで学んだ３つの論証パターンを組み合わせる必要がある少し複雑な文章に挑戦してみましょう。これまでの文章と違うのは次の点です。すなわち、最終的な結論を導くために使われる論証部分（これを**主論証**といいます）と、その主論証を導くために使われている補助的論証（これを**副論証**といいます）を区別し、最後に両者を結合させ全体的論証図にするというものです。さっそく、やってみましょう。

例文10⁶⁾　（Pはパラグラフの区切り目を示しています）

> 　P1：①インフルエンザ予防接種は、接種対象者の健康状態、罹患している疾病、その他身体的条件又は体質的素因により、死亡、脳炎等重大な結果をもたらす異常な副反応を起すこともあり得る。だから、②これを実施する医師は、右のような危険を回避するため、慎重に予診を行い、かつ、当該接種対象者につき接種が必要か否かを慎重に判断し、実施規則４条所定の禁忌者を的確に識別すべき義務がある。ところで、③右実施規則４条は、予診の方法として、問診、視診、体温測定、聴打診等の方法を規定している。ただし、④予防接種を実施する医師は、右の方法すべてによって診断することを要求されるわけではない。だから、⑤とくに集団接種のときは、まず問診及び視診を行い、その結果異常を認めた場合又は接種対象者の身体的条件等に照らし必要があると判断した場合のみ、体温測定、聴打診等を行えば足りると解するのが相当である（実施要領第１の９項２号参照）。⑥したがって、予防接種に際しての問診の結果は、他の予診方法の要否を左右するばかりでなく、それ自体、禁忌者発見の基本的かつ重要な機能をもつものである。
>
> 　P2：⑦問診は、医学的な専門知識を欠く一般人に対してされるものである。つまり、⑧質問の趣旨が正解されなかったり、的確な応答がされなかったり、素人的な誤った判断が介入して不充分な対応がされたりする危険性をももっているものである。そして、⑨前記のとおり、予防接種に際しての問診の結果は、禁忌者

6）最判昭和51・9・30民集30巻8号816頁（820-821頁）の判決文を一文一義に訂正し、かつ、必要に応じて接続詞を追加したり、文章を追加しています。さらにひとまとまりの内容を単位としてパラグラフ（厳密ではありませんが）で区切り直しています。

発見の基本的かつ重要な機能をもつ。したがって、⑩予防接種を実施する医師としては、問診するにあたって、接種対象者又はその保護者に対し、単に概括的、抽象的に接種対象者の接種直前における身体の健康状態についてその異常の有無を質問するだけでは足りず、禁忌者を識別するに足りるだけの具体的質問、すなわち実施規則4条所定の症状、疾病、体質的素因の有無およびそれらを外部的に徴表する諸事由の有無を具体的に、かつ被質問者に的確な応答を可能ならしめるような適切な質問をする義務がある。

　P3：⑪もとより集団接種の場合には時間的、経済的制約がある。だから、⑫その質問の方法は、すべて医師の口頭質問による必要はなく、これを事前に補助せしめる手段を講じることは許容される。例えば、⑬質問事項を書面に記載し、接種対象者又はその保護者に事前にその回答を記入せしめておく方法（いわゆる問診票）、質問事項又は接種前に医師に申述すべき事項を予防接種実施場所に掲記公示し、接種対象者又はその保護者に積極的に応答、申述させる方法及び医師を補助する看護婦等に質問を事前に代行させる方法等を併用することができる。

　P4：以上のとおり、⑭予防接種を実施する医師の口頭による一般人に対する問診は、禁忌者を識別するに足りるだけの具体的かつ適切な質問をする必要がある。ただし、⑮これを事前に補助せしめる手段を講じることは許される。したがって、⑯医師の口頭による問診の適否は、質問内容、表現、用語及び併用された補助方法の手段の種類、内容、表現、用語を総合考慮して判断すべきである。

　P5：⑰地方公共団体が実施する予防接種において、医師はこのような方法による適切な問診をすべきである。にもかかわらず、⑱医師が適切な問診を尽さなかったため、接種対象者の症状、疾病その他異常な身体的条件及び体質的素因を認識することができず、禁忌すべき者の識別判断を誤って予防接種を実施し、予防接種の異常な副反応により接種対象者が死亡又は罹病したという事実が発生したとする。この場合、⑲当該医師は接種に際し右結果を予見しえたものであるのに過誤により予見しなかったものと推定するのが相当である。

（最判昭和51・9・30民集30巻8号816頁（820-821頁）より改変）

【解説】　まず、P1の論証図を検討しましょう。

　①と②の間に「だから」が使われているので、①を根拠に②が導かれる単純

論証になっています。また、④は③の但し書きですので、両方の文が根拠となり、「だから」を挟んで⑤の結論を導いています。ここは結合論証になります。

ここからが難しいのですが、P1では⑥が結論になり、そのうち「他の予診方法の要否を左右する」という結論は⑤から導かれ、「禁忌者発見の基本的かつ重要な機能をもつ」という結論は②から導かれます。つまり、②と⑤が合流して⑥を導いているので、合流論証になります。

仮にP1だけで文章が完結しているとすれば、ここで副論証と主論証が読み取れます。つまり、左側の破線で囲まれた副論証の結論②と右側の破線で囲まれた副論証の結論⑤が合流し、P1における最終結論⑥を導いており、この実線で囲まれた合流論証が主論証となります。

もっとも、文章全体でみると、P1の結論⑥は、文章全体の最終結論ではなく、中間的な結論ですので、P1の論証図全体が副論証となります（副論証1）。

P1の論証図＝副論証1

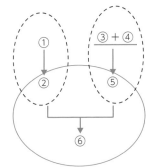

次に、P2の論証図を検討します。

P2の結論は⑩です。その根拠を考えると、まず、⑨「したがって」⑩とあるので、⑨（P1の結論⑥の引用）が根拠となることは明らかであり、実線で囲まれたこの論証は単純論証になります。次に、「⑦。つまり⑧」とあり、両者は内容的には類似することを述べていますので、⑦＋⑧としてまとめられます。そして、この2つは、⑨から独立して⑩を結論として導きます。破線で囲まれたこの論証は結合論証です。ここでは、結論⑩を導く根拠として⑦＋⑧と⑨が合流

していますので、結合論証と単純論証が合体した合流論証が生じています。

　文章全体では、⑩が P2 の中間結論となり、P2 の論証図を副論証 2 とします。

P2 の論証図＝副論証 2

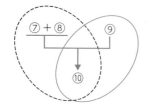

　次は、P3 の論証図です。

　P3 は、⑪「だから」⑫となっており、⑪が根拠となって⑫を導いているので、単純論証になります。⑬は、⑫の具体例を示したものです。⑫と同一内容であり、根拠ではありませんから、論証は生じていません。

　P3 では、論証は 1 つであり（副論証 3）、結論⑫（⑬）が中間結論となります。

P3 の論証図＝副論証 3

　次に、P4 の論証図を検討します。

　P4 の⑭は P2 の結論⑩の引用であり、⑮は P3 の結論⑫の引用です。そして、⑭「ただし」⑮となっており、⑭と⑮が結合して⑯の根拠となっているので、結合論証となります。

　P4 では、論証は 1 つであり（副論証 4）、結論⑯が中間結論となります。

P4 の論証図＝副論証 4

最後に、P5 の論証図を検討します。

　P5 の⑲がこの文章の最終結論になります。⑲の始まりは、「この場合」とありますが、⑲の内容は⑰（P4 の結論⑯の引用）と⑱が結合して導かれる結論と読めますので、「この場合」という表現は、接続詞の「だから」「したがって」に対応すると考えられます。ここは結合論証となっています。つまり、最終結論を導く主論証は、⑰＋⑱から⑲が導かれています。

P5 の論証図＝主論証

　副論証 1 から 4 をこの主論証と結合した 148 頁の図が、本文章の論証図の全体像です（ここでは副論証を破線で囲み、主論証を実線で囲んでいます）。

論証図 10（全体の論証図）

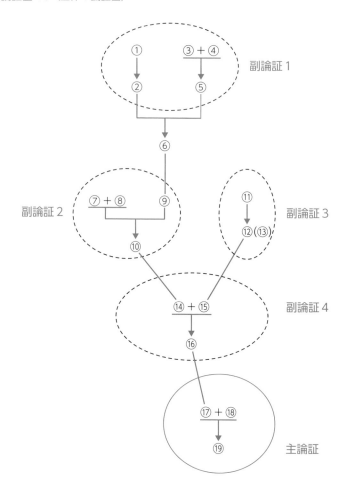

法律家の思考方法─IRAC

　法学を学び始めると、「法的三段論法を身に付けよ」といわれます。その際、法的三段論法とは、法規範（たとえば、「人を殺した者は死刑に処する」）を大前提、事実（「A は人を殺した」）を小前提として、法規範を事実にあてはめて、結論（「A は死刑に処する」）を導く論法をいう、などと説明されます。しかし、実は、法律家の思考方法は、このような「法的三段論法」とは少し異なっています。

　法律家は IRAC に沿って思考します。I は Issue で問題提起、R は Rules で法規範を意味します。A には 2 つの意味があって、1 つは Application で事実のあてはめ、もう 1 つは Argument で議論です。C は Conclusion で結論です。以下、民法の場合を例にとります。

　民法の事案では、権利義務関係の存否が問題となるのが普通です。そこで、事実関係からみて、「誰の誰に対するどのような権利義務関係が問題となっているか」を考えます。これが I です。

　民法の法規範の多くは、どのような場合に（＝要件）、どのような権利義務関係が発生するか（＝効果）を定めています。そこで、当該の事案にあてはまりそうな法規範で、問題となっている権利義務関係を発生させそうなものを探します。目当ての法規範が見つかったら、その要件を確定します。ここまでが R です。

　次に、当該の事案から、目当ての法規範の要件を充足する具体的事実があるかを確認します。これが Application としての A です。

　要件を充足する具体的事実があったら、問題の権利義務関係を認める、なかったら、認められないと結論付けます。これが C です。ただし、この結論は仮のものです。Argument の A、つまり議論がありうるからです。

　大抵の場合、法規範には例外があります。また、法規範の解釈は一様ではありません。Argument の A では、例外にあたるかどうかや、法規範の解釈について議論を行います。この議論を踏まえて最終的な結論を出すのです。（IRAC については、加賀山茂『現代民法学習法入門』（信山社、2007 年）33-36 頁参照）

問 10 　次の文章を論証図にしてください。

①同一の水害について提起された 2 つの訴訟が、同一の裁判所の同一の部において審理されたにもかかわらず、一方は原告勝訴、他方は原告敗訴という正反対の裁判結果がもたらされた。②この場合、法的三段論法の大前提は同一の条文（国家賠償法 2 条 1 項）である。また、③小前提となる事実は同一の水害である。したがって、④結論として同一の判決主文が論理的に導かれるはずである。⑤もし 2 つの判決主文が互いに矛盾しているとすれば、それは、「法の支配」が十分に確立されておらず、実は「司法裁量」という名の「人の支配」が裁判結果を実質的に左右していることの証左である。

(高橋文彦、2013 年、1-2 頁より改変)

問 11 　次の文章を論証図にしてください。

①訴訟の当事者がいわゆる「訴訟上の合意」により、特定の事実関係を争わないと同意することは少なくない。しかし、②トライアルは法廷での証人による口頭での証言とこれに対する反対尋問を中心に進行する。③証言の内容はいうまでもなく重要だが、ほかにも証人の立ち居振る舞いや話し方といった要素も重要になってくる。④それぞれ異なる経験をもつ陪審員が全員で判断を下す陪審は、とりわけ証人の証言が真実で信頼できるかを判断するのに適している、とされる。だから、⑤口頭での証言に代えて書面を用いたり、伝聞証拠を用いたりすることに対して、厳しい制約が課されている。

(ダニエル・フット、2007 年、251 頁より改変)

4-8　本章で学んだこと

　ごく短い、ごく単純な文章であっても、論証図にしてみると複数の論証が組み合わさっているのが分かります。複雑な文章の場合には、さらに多くの論証が互いに絡み合い、分かりにくい論理構造を形成することでしょう。複雑な論証図をみて疑問に思うのは「はたして、この文章を書いた人は、書く前から、このような複雑な論証をしようと考えていたのか？」ということです。おそらく、自分でもこんなことになるとは思わなかったのではないでしょうか。

　自分の結論/主張を相手に分かりやすく提示するには、簡単な論証を単純に組み合わせることが大切です。そのためは、書き始める前に、自分が用いる論証の構造と論証間の関係をまず押さえ、それから文章にするという順番が理想的です。実際には一旦書いてから、それを見直すときに論証を整えるというのが現実的な手順ではありますが。

　論証図を書くことは、一旦書かれた文章の内容を論証単位で振り返り、文章を再構成することです。単純、結合、合流論証の３つのタイプの論証を組み合わせると、全体が見渡せるようになります。ポイントは、まず、最終的結論を探し、それを導く主論証を見つけます。次に、その主論証を導いた根拠がどこから導かれているかの副論証を探すことです。論拠の推定も忘れずに。

　論証図を書くことは目的ではありません。論理的思考は、文章を論証図に表現してから始まるのです。これでやっと、本格的に論理的思考を道具として使える地点にたどり着いたのです。

　推定した論拠を論証図に含めることは大事なことです。異なる論拠の比較により論拠の性質の違いが判明すれば、論証間の整合性についても検討が可能となります。それに、(1)各論証の導出の適切性、かつ(2)論証間の関係の適切性について評価、検討することが可能になります。このことにより、(3)次の新たな議論、問題提起の生成の手がかりが得られます。ここまでやって論証ベースの論理思考をしたということになるのです。

　2001年9月11日に、ニューヨークの世界貿易センター（WTC）第1、第2ビルに旅客機が突入し、2つのビルが破壊されました。2003年7月、WTCビルのリース権をもつラリー・シルヴァーシュタインさんはWTCの保険会社を相手取り、「1件につき」35億ドルの損害賠償を請求する訴訟を提起しました。この保険の契約内容によれば、WTCビルの破壊をもたらすようないかなる「出来事」に対しても、最大額を受け取ることが保証されていました。しかし、契約の文言が曖昧であったため、何をもってして「出来事」とするかが明確に示されていませんでした。この契約書では、出来事とは「1つの原因、または一連の類似する原因に直接、間接に起因する損失または被害」と定義されていました。このとき、3人の裁判官が問題にしたのは「第1、第2WTCビルへの攻撃は1つの出来事なのか、それとも2つの出来事なのか？」というものでした。

　シルヴァーシュタインさんと彼の弁護士は、この攻撃は2つの事件から成るという主張を、次の根拠によって示しました。つまり、午前8時46分に、最初の飛行機が第1WTCビルに突入し、その15分後、別の飛行機が第2WTCビルに突入した。したがって、両方のビルが順に破壊されたということは、これを2つの出来事として数えられると考えられるとしたのです。「出来事とは、人が引き起こした出来事や事件をその人の行動の結果という観点で捉え、その人がいくつ物を壊したのかというその数である」とする論拠が使われたのです。

　一方、WTC側の保険会社は、旅客機に乗っていたテロリストは両方のビルを破壊するつもりであり、それは、1つのテロ計画の一部を構成するものだ。だから、この攻撃は1つの事件であると主張したのです。すなわち、人に関して何かを論じる場合には、その人が引き起こした出来事や事件を、「その人が考えていたと思われる計画から生じたものである」と考えるべきであるとする論拠を主張したのです。

コラム ウェイソンの4枚カード問題と確証バイアス

問題：4枚のカードがあり、一方の面に数字が、その裏面に文字が書かれています。これらのカー

ドには「もし一方の側に書かれている文字が母音なら、その裏に書かれている数字は偶数である」という規則があります。この4枚のカードがその規則に合致するかどうかを確認する場合、どうしても裏を確認する必要のあるカードはどれか選んでください（Wason, 1966）。

① 「もしカードの文字が母音なら、その裏の数字は偶数である」という規則は「PならばQ」の形をしています。そこで、PのときにQであることを確認するには、母音カード「E」の裏は見なくてはなりません。

② この規則は子音については何もいっていないので、子音の裏は偶数でも奇数でもかまいません。したがって、子音カード「K」の裏は確認する必要はありません。①、②は簡単にクリアできそうです。

③ では「4」はどうでしょうか。規則には偶数という言葉があるので、気になりますね。「PならばQ」は、Pのときは必ずQでなくてはならない、ということ。しかし、Qのときに必ずPでなくてはならないわけではありません。偶数カード「4」をめくってみて、その裏が母音でなく、子音であったとしても、「もし文字が母音なら、その裏は偶数である」という規則にあてはまらないわけではないのです。したがって、「4」の裏を確認する必要はありません。

④ 「7」はどうでしょうか。奇数という言葉は規則の中にないので、関係ないのでしょうか。しかし、「PならばQ」が成り立つ場合、必ず「Qでないなら、Pでない」が成り立ちます（否定式、対偶）。ここでは「Qでない」は奇数カードの「7」にあたります。したがって、このカードの裏が母音であれば「もし文字が母音なら、裏の数字は偶数である」という規則はあてはまりません。したがって、「7」のカードは必ず裏を確認する必要があります。正解は「E」と「7」です。

この例のように、私たちは最初に与えられた仮説を確証するようにデータを収集する傾向があり、仮説をあえて反証するようなデータを取ろうとしません。このような行動傾向を確証バイアスといいます。

問1

a）① → ②　W：弁護士になるには司法試験合格が条件である。

b）① → ②　W：物理的時間的な接近は因果関係の存在を認める理由となりうる。

c）② → ①　W：同一人物は同時に2箇所にいることは不可能である。

d）① → ②　W：事件は可能な限り公にするべきではない。

e）② → ①　W：長時間同じ姿勢をとっていると身体が痛くなる。

f）① → ② → ③　W1：空気中に含まれるものは空気の移動とともに移動する。
　　　　　　　　　　　 W2：目の付近を塞げば、目への物体の侵入が防げる。

問2

①E＋③OP
　　W1：表現の自由には自己統治の価値がある。[7)]
②OP

問3

①E＋②E
　　W1：公務員に関する報道が名誉棄損行為に該当しても、真実の
③OP　　証明ができれば罰せられない（刑法230条の2）。

問4

②E＋③E
　　W1：司法が国会の間違いを正す必要性が高い。
①OP

7）言論活動によって国民が政治的意思決定に関与するという、民主制に資する社会的な価値を
いいます。詳しくは憲法で勉強してください。

W1：幸福追求権に直結する人権は特に重要だ。
W2：国民主権を支える人権は特に重要だ。

W1：物理的な現象には発生原因がある。
W2：ある現象が発生しないときは、それを要因とする事象も発生しない。

【解説】　この文章の最終的結論である④は、③から単純論証で導かれています。

　　過去に路面凍結を原因とする交通事故により道路施設が毀損されていたか、漏水等のために路面凍結が発生しやすくなっていたのであれば、本件事故現場付近での路面凍結の可能性が一般的抽象的な可能性の域を超えるものといえるので、①と②は、結合して③を導いています。

問7

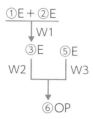

W1：演繹しているため論拠は不必要

W2：権利義務の存否は経験的に決定できない。

W3：権利義務の存否は経験的に決定できない。

【解説】 文①②の内容には、結論③の意味内容がすべて含意されています。結合論証の形をとっていますが、ここでは演繹的論証が生じています。つまり、飛躍はありませんので、W1 に論拠は必要ありません。

次に、「③法的紛争では権利義務の存否が争いになっている。だから、⑥法的紛争を解決するためには、法規範が必要となる」という論証も無理な飛躍ではないようです。さらに、⑤だから⑥も論拠を推定できる論証です。

全体としては結合論証と単純論証の組み合わせです。なお、④はここでの論証とは無関係なので論証図には含めません。

問8

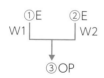

W1：抽象度の高い表現は、より具体的な表現を内包する。
　　　より具体的な内容（表現）は、より抽象度の高い内容（表現）から演繹可能である。

W2：多様な事象を解釈するには、その状況に応じて臨機応変な対応が必要である。

【解説】 ①と②はそれぞれ独立に③の結論の根拠となっています。ですから、本問の論証は合流論証です。それぞれの論拠は W1、W2 のようになるでしょう。

問 9

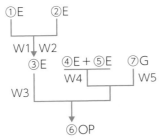

W1：婚姻の本質は婚姻するもの同士の性別の組み合わせとは独立である。

W2：婚姻の本質は性的指向とは独立である。

W3：婚姻の本質が保たれているものは法的保護の対象である。

W4：条文は現時点で定められているものが適用される。

W5：誤った規定は使用されるべきではない。

【解説】 まず、①と②は同一の対象を扱っている文ですが、両者の内容は独立です。つまり、①では婚姻の本質についての言及で、②は異性愛と同性愛の差異に関する事柄です。そこで、ここは結合ではなく合流論証とする方がいいでしょう。①②から③が結論されます。この場合には、論拠を 2 つ推定する必要があります。

次に④と⑤は同じことを違った側面から言及しているので、ここは結合論証になります。⑦の「仮にそのように解したときには」の「そのように」を④と⑤で具体的に説明することができるので、④⑤と⑦は合流論証となります。これも⑥を導出する際の根拠となります。

問 10

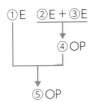

【解説】 本論証の結論が⑤であることはすぐに分かるでしょう。①を単独の根拠として⑤を導くことは可能です。つまり、「①同一の水害について提起された 2 つの訴訟が、同一の裁判所の同一の部において審理されたにもかかわらず、一方は原告

勝訴、他方は原告敗訴という正反対の裁判結果がもたらされた。だから、⑤もし2つの判決主文が互いに矛盾しているとすれば、それは、「法の支配」が十分に確立されておらず、実は「司法裁量」という名の「人の支配」が裁判結果を実質的に左右していることの証左である」という論証です。

　②と③は互いに同じ事柄について補足しあっていて、②と③を合わせて法的三段論法により何が導かれるかについて言及しています。ですから、ここは結合論証になります。

　③の後に「したがって」とありますから、②と③を根拠に④が導かれたことが分かります。そして、④が⑤を直接に導く根拠になっています。

　①から⑤を導くのは単純論証で、一方、②と③、だから④は結合論証です。全体としては単純論証と結合論証との合流論証の形になっています。

問11

【解説】　「だから、⑤」とあるので、本論証の結論は⑤であることが分かります。そして、②③④の3つの根拠は互いに独立しています。独立してはいるのですが、②は証人による口頭での証言とこれに対する反対尋問という言語的側面の重要性を、③は証言のほかに、証人の立ち居振る舞いや話し方といった非言語的側面の重要性に着目しています。言語と非言語という表現形式の異なる側面を並列にしていますので、結合ではなく合流していることになります。また、④の内容は、証人の証言の真実性を評価するのに陪審が効果的であるとしており、陪審の機能についての言及です。したがって、④は、②と③とは内容的に独立です。そこで、図に示したような合流論証になります。なお、①は本論証と直接関係がないので、論証図には含めません。

第**2**部

応用編

論理的に書く・読む

　推敲することを前提に、みなさんが何か文章を書くときのプロセスを思い浮かべてみてください。おおよそ次のようなステップを踏むはずです。まず、心に浮かんだこと、思いつくことを**書き始め**ます。一定の長さの文章を書いたら、一旦、そこで止め、今度はそれを**読み返し**、それに何らかの修正変更を加えます。そして修正変更を受けて**書き直し**ます。さらに、修正変更を経て書かれた文章を再度、**読み返し**ます。さらに、それに修正変更を加えます。何かを書く場合には、このプロセスが繰り返されます。このことからも分かるとおり、書かれたものは即座に読む対象になり、それを修正変更して次に何を書くかを考えるために読んでいることになります。

　みなさんはあまり気にしたことがないかもしれませんが、一旦書いたものを書き直す作業の多くは「読む」ことから成っています。「書く」という行為の8割程度は「読む」ことに使われているのです。したがって、自分で書いたものをよく読まないと、次のより良いレベルの「書く」という行為にはつながりません。一度書いたら二度と書いたものを見ないというような場合を除いて、**書くという行為はそれをよく読み返すという行為によって支えられています。**

5-1　読むことと書くことの表裏一体性

　本書では、「読むことと書くことは表裏一体」であるという立場をとります。ですから、両者を別々に分けるのではなく、「読む・書く」という行為の相互作用の結果が読むことであり、書くことなのです。これ以降「読む・書く」「書く・読む」を相互乗り入れ的にお話しします。

　本書では、「読む」を以下のように定義します。読むとは読む対象を「①批判

的に分析・解体・整理し、②整理された結果を使って文章を再構築する（批判的再構築）」ことを指します。そして、それを具体的に実現するために次の方法を用います。(a)当該の文章を完成させる過程で文と文の関係性をどう捉えてきたのかを推定する（接続詞の使用）、(b)何を根拠に何を結論として導いてきたのか推定する（論証）、(c)論証を支える暗黙の仮定はなんであるのか推定する（論拠）、(d)また、複数の論証をどのように組み合わせて全体を構築してきたのか推定する（論証図）。これらの方法はすべて第4章までに学習したことです。

　「読む」とは、書かれているものを読者側へ取り込む一方向の行為ではありません。そうではなく、「読む」とは、読んでいる対象について「このように書き直せばより明確で分かりやすい文章になるだろう。それには、ここをこのように修正変更することが必要だ」という書き換えのプロセスを含んだものなのです。

　このような文章の「批判的再構築」は、概ね次のような手順・過程から成っています。まず、①読む対象を一文一義の考えに基づき文単位で一旦、解体します。ついで、②解体した複数の文の間の論理的関係性（接続詞で表現できる関係）を検討します。帰結を示す接続詞、理由を示す接続詞が関与する箇所に関しては、トゥールミン・モデルを基準として、論証の成立の程度を検討します。さらに、③論拠を推定し、同モデルを基準として元の文章を再構築します。文章の再構築過程では、第4章までに学習した道具をすべて使って再構築するので、多くの場合、解体前の原文と再構築後では異なる文章となります。以下、文章の再構築のために使用する道具について、具体的に説明していきます。

5-2　文章の再構築のための道具（その1）：一文一義で書く

　論理的に読むには、まず書くために使用する道具を知っておく必要があります。最初に、「一文一義で書く」ことについて話します。

　「1つの事柄を1つの文で書くこと」を一文一義といいます（佐渡島ほか、2021）。主語と述語から成る文を「文の最小単位」とし、そこに句点を付けるのです。ここでは、「一文一義で書ける範囲」を、考えることの最小単位にすることにします。複数の最小単位が、「だから」、「なぜなら」という接続詞を挟んで現れる

のが思考であり、論理でした。ですから、一文一義で書くことは論理の単位を示すことであり、文と文の間の論理的関係に注意を払うときに重要な書き方です。

　まずは、一文一義で書かれていない文と、一文一義で書かれている文の例を比較してみます。

　次の文章は裁判の判決文です。一文一義で書かれていない例です。

　　前記事実関係によれば、満11歳の男子児童であるCが本件ゴールに向けてサッカーボールを蹴ったことは、ボールが本件道路に転がり出る可能性があり、本件道路を通行する第三者との関係では危険性を有する行為であったということができるものではあるが、Cは、友人らと共に、放課後、児童らのために開放されていた本件校庭において、使用可能な状態で設置されていた本件ゴールに向けてフリーキックの練習をしていたのであり、このようなCの行為自体は、本件ゴールの後方に本件道路があることを考慮に入れても、本件校庭の日常的な使用方法として通常の行為である。

　　また、本件ゴールにはゴールネットが張られ、その後方約10mの場所には本件校庭の南端に沿って南門及びネットフェンスが設置され、これらと本件道路との間には幅約1.8mの側溝があったのであり、本件ゴールに向けてボールを蹴ったとしても、ボールが本件道路上に出ることが常態であったものとはみられない。本件事故は、Cが本件ゴールに向けてサッカーボールを蹴ったところ、ボールが南門の門扉の上を越えて南門の前に架けられた橋の上を転がり、本件道路上に出たことにより、折から同所を進行していたBがこれを避けようとして生じたものであって、Cが、殊更に本件道路に向けてボールを蹴ったなどの事情もうかがわれない。

　　　　　　（最判平成27・4・9民集69巻3号455頁（458-459頁）より一部抜粋）

　この文章の前半は読点が11個連続して現れる文章です。また、後半の文章は最初の句点までに5個の読点が、次の句点までに6個の読点が使われています。つまり、一文一義のルールに反する書き方になっています。そこで、上記の文

章を一文一義で書き換えてみましょう。

　一文一義で書かれていない文章は、文と文の間の関係性が不明確になっています。そこで、書き換える際に注意が必要な点は、それぞれの文の間の意味的関係を考えながら、接続詞を入れていくことです。

　なお、文章の後半はさらに2つに大別される内容ですので、文章の切れ目（後でお話しするパラグラフ）を1つ追加してあります。

一文一義にし、接続詞を入れて書き直した例

　前記事実関係によれば、満11歳の男子児童であるCが本件ゴールに向けてサッカーボールを蹴った。このことは、ボールが本件道路に転がり出る可能性を有する行為である。しかも、本件道路を通行する第三者との関係では危険性を有する行為であったということができる。しかし、Cは、友人らと共に、放課後、児童らのために開放されていた本件校庭において、使用可能な状態で設置されていた本件ゴールに向けてフリーキックの練習をしていたのである。したがって、このようなCの行為自体は、本件ゴールの後方に本件道路があることを考慮に入れても、本件校庭の日常的な使用方法として通常の行為である。

　また、本件ゴールにはゴールネットが張られ、その後方約10mの場所には本件校庭の南端に沿って南門及びネットフェンスが設置されていた。さらに、これらと本件道路との間には幅約1.8mの側溝があった。したがって、本件ゴールに向けてボールを蹴ったとしても、ボールが本件道路上に出ることが常態であったものとはみられない。

　本件事故は、Cが本件ゴールに向けて蹴ったサッカーボールが、南門の門扉の上を越えて南門の前に架けられた橋の上を転がり本件道路上に出たことにより、折から同所を進行していたBがこれを避けようとして生じたものである。したがって、Cが、殊更に本件道路に向けてボールを蹴ったなどの事情もうかがわれない。

　書き換えの例には、元の文章にはなかった接続詞が使われています。それによって文と文の間の関係性が分かりやすくなります。また、文章が3つのセクションに分けられています。そしてその各セクション内で「したがって」とい

う帰結を導く接続詞がありますので、それぞれのセクションで1回ずつ論証が生じていることが分かります。

　読点を打ち続け、複数の考えを一気に1つの長い文に埋め込んでしまうと、文を構成する複数の内容の間にどんな意味的関係があるのかが見えにくくなってしまいます。複数の文の間の関係性について考えるのが論理でした。ですから、最初の文章例のような書き方をすると、文と文の間の論理的関係に注意が向けられなくなってしまうのです。

　複数の読点で区切られているような文を、考えの最小単位で区切ると、当然1つ1つの文は短くなります。ですから、一文一義で書くことにより、文と文の論理的関係（意味的関係）について検討し、その関係が正しいかどうかの判断がしやすくなるのです。

問1 次の文章を一文一義の文に区切りましょう。その際、必要に応じて、適切な語句や接続詞を補ってください。

> 　ビル賃貸業者である X 社は、その所有に係る土地の利用処分ができずに困っていたところ、同土地に倉庫を建設して Y 社に賃貸するプロジェクトを計画し、この計画を Y 社の構内下請会社から Y 社に出向していた「Y 社業務次長」という肩書きの M 氏に持ち込み、M 氏と交渉を開始した。M 氏は Y 社内で契約締結権限がないにもかかわらず、上司への報告をせずその決裁を受けずに独断で交渉を継続し、X 社に対しても前向きなことを言い、Y 社名義を使って覚書を提出したりした。しかし、結局、このプロジェクトは Y 社の承認するところにならず、破談となってしまった。
>
> （オリジナル）

問2 次の文章を一文一義の文に区切りましょう。その際、必要に応じて、適切な語句や接続詞を補ってください。

> 　本件事故は、X 車両が相当程度の速度でガードレールと衝突し、その後回転して約 29 m 先のガードレールと再度衝突してようやく停車しており、それなりに激しい衝突事故であったと認められるから、X が本件事故現場付近の路面が凍結しやすいという認識に応じて他人に危害を及ぼさないような速度と方法で運転しなければならない義務を尽くして X 車両を運転していてもなお本件事故が発生したと直ちに認めることは困難であり、したがって、本件事故は、X が路面の状況に応じた運転をするという自動車運転者として一般的に求められる義務を尽くすことなく X 車両を運転したことによって惹起された事故であるから、X の不注意により発生したとの疑いを払拭し得ないというべきである。よって、本件事故が専ら路面の凍結によって不可避的に発生したものであるとの X の主張事実は、認めるに足りないといわざるを得ない。
>
> （広島高松江支判平成 25・1・30 判時 2191 号 49 頁（52 頁）より改変）

5-3 文章の再構築のための道具（その2）
：論証をパラグラフ構造で表現する

文章の「ひとまとまりの区切り目」についてよく知られているのは段落という考え方でしょう。『大辞泉』によれば、段落とは「文章のひとまとまりを指し、長い文章を内容などからいくつかに分けた区切り」と定義されています。しかし、この定義では、段落が何から構成されているかの具体的なことについてはなにも特定されていません。つまり、「内容などからいくつかに分けた区切り」と書かれていますが、内容がどんな単位で区切られるかが書かれていないのです。ですから、「書く、読む」を論理的観点から考えるためには段落は使えません。

一方、パラグラフは段落に比べてより厳密に定義されています。<u>パラグラフ</u>では、相互に論理的に関係のある複数の文の集まりが、1つの結論/主張を支持するように配置されます。言い換えるなら、パラグラフは文章の内容を論証（一組の根拠と結論）単位に分けたものです。つまり、パラグラフの区切り目は、ある論証から別の論証に変化するところなのです。段落とは異なり、文章の区切り目が一組の根拠と主張の組み合わせと対応しているという点で、ひとまとまりの単位がはっきりしているというわけです。さっそく、パラグラフについてお話ししましょう。

5-3-1 パラグラフを構成する文の種類

パラグラフの構成文は、大まかに3つあります。(1)「トピック・センテンス（TS）」、(2)「サポーティング・センテンス（SS）」、それに(3)「コンクルーディング・センテンス（CS）」と呼ばれる文です。SSはさらに、(2-1) サポーティング・ポイント（SP）と (2-2) サポーティング・ディテール（SD）に分かれます。

ちなみに念頭に置いておきたいことは、パラグラフに使われる文の抽象度の違いに序列があるということです。TS（CS）が最も抽象度の高い内容の文で、ついで、SP、そしてSDの内容は経験的事実であるのが理想的です。論証では具体的事実を根拠として、そこから飛躍の結果、根拠より抽象度の高い結論を出しているのです。

5-3-2　パラグラフの構成要素

　まず、TS とは、パラグラフの中で一番言いたいこと（トピック）を表現する文で、論証でいう結論/主張に対応する文です。原則として TS はパラグラフの最初に書きます。

　次に、SS とは、TS の内容を支持する（サポートする）文で、論証では根拠、経験的事実にあたるものが書かれている文を指します。SS は原則として TS の直後に書きます。SS は SP と SD から構成されていて、SP、SD という順番で書かれます。SD には根拠（経験的事実が理想）を書きます。SD はパラグラフにおいて最も具体的な内容です。そして根拠である SD が複数ある場合には、その前に SP を書きます。SP は具体的な SD が複数ある場合に、各 SD の内容を要約し見出しをつけた文のことです

　さらに、パラグラフの最後にはコンクルーディング・センテンス（CS）という文を書きます。CS は TS の内容を言い換え、再度、結論/主張を書いたものです。すなわち、原則として、パラグラフで書く場合は、TS → SS（SP、SD）→ CS の順番になります。最初と最後に同じ結論/主張を書き、真ん中に根拠を挟んだ配置になっています。

5-3-3　パラグラフの構成文とその配置

　TS、SS（SP、SD）および CS の配置関係を押さえておきましょう。図 13 で下線部分がより右に書かれるほど、文の内容がより具体的になることを示しています。

図13　パラグラフの構造

<u>トピック・センテンス</u>（TS）

　　結論/主張部分に相当します。根拠から飛躍した結果を書くので、パラグラフの中で最も抽象度が高い内容の文です。

　<u>サポーティング・センテンス</u>（SS）

　　　TS の内容を支持する文で、SP と SD から構成されています。

　　<u>サポーティング・ポイント</u>（SP）

　　　　複数の SD をまとめて見出しをつけた文です。文の抽象度は TS と SD の中間になります。

　　　<u>サポーティング・ディテール</u>（SD）

　　　　　根拠に相当する文で、内容は経験的事実であることが理想的です。パラグラフの中で最も具体性が高い文です。

<u>コンクルーディング・センテンス</u>（CS）

　　結論/主張部分をここで再度書きます。TS と同様、抽象度が最も高い文です。

5-3-4　主張・結論を先に書くことの意味

　パラグラフ構造では自分が一番言いたいこと、つまり結論/主張をまず TS で書きます。これによって、読者へ一番言いたいことを印象付ける効果があります。パラグラフの先頭は一文字空けるので、これが空間的にインパクトを持たせられる場所でもあります。

　私たちがよく使う書き方の順は、まず、何らかの理由をあれやこれや述べた後に、「だから」「したがって」という接続詞を使い、最後に結論や主張を言ったり、書いたりする形式です。そのため、結論/主張を最初に言ったり、書いたりすることに最初は違和感を覚えるかもしれません。しかし、パラグラフ構造では、結論/主張を最初に言うことには論証上の意味（後述）があります。ですから、この新しい表現方法に慣れてもらう必要があります。ちなみに、公での口頭発言の場合も同じく結論を最初に言うことが大事です。

　ついで、その主張（TS）の根拠となる文を SS で書きます。この場所に根拠を書くことにより、最初に書いた TS がどんな根拠から導かれたのかを読者にす

ぐに伝えることができます。先ほども述べたとおり、私たちがよく使う書き方では、根拠（SS）から書き始め、最後に結論/主張（TS）を書くという順番で書きます。この順番で書くと、読者は最初に読まされる（聞かされる）根拠が何を導くために書かれたものなのか（いわば、根拠の吟味）は、最後に書かれている結論/主張を読むまで分かりません。この場合、文章全体を一旦読んでから、前に戻り、書かれた根拠を吟味するべく読み返しをすることになります。

　私たちがよく使う書き方だと、根拠を再度最初から読み返すのに対して、TS、SS の順番で書くと、「SS は、最初に書かれた TS の内容を支持するためのものである」という観点で、根拠が結論/主張を支えているかどうかについて、最初から根拠の役割の適切性を吟味しながら読むことができるのです。特に学術論文等では、この書き方のほうが効率がいいのです。

　最後に、CS でパラグラフの TS と同じ内容、すなわち、結論/主張を再度書きます。この CS は「このパラグラフで一番言いたかったのはこのことですよ」と読者に再度、結論/主張をアピールする役目を果たします。

　まとめると、パラグラフでは論証の構造を強く意識しつつ、さらに一番言いたいことである結論/主張をパラグラフの最初と最後という空間的に目立つ場所に 2 度配置しているのです。根拠が長くなれば、読んで理解するために必要な記憶にも負荷がかかってきます。CS には、長い文章の最初に書いた結論/主張を最後にもう 1 度繰り返すことによって、「これがこのパラグラフの結論/主張でしたよ」と記憶をリフレッシュする効果もあるのです。

　なお、TS → SS → CS という順はひな型ですので、「すべての文章を必ずこのフォーマットで書きなさい」と言っているわけではありません。必要に応じて、ここから変形していくことはあります。

パラグラフ構造で書いた例文 1

> TS：無条件に常にすべての運転操作をクルマの自動運転システムに任せることが可能となる段階になれば、自動運転は自動車社会において多大な利益をもたらすであろう。
> 　SP1　より安全で快適な移動が可能となる。
> 　　　SD1：最新の自動運転技術は、人間の運転技術より正確である。

SD2：交通事故を最小限に留められる。

SP2　クルマで移動中も運転以外に時間を使うことが可能となる。

SD3：移動中に仕事ができる。

SD4：読書をしたり、テレビを見たりすることが可能である。

CS：したがって、最終段階の「自動運転車」が実現すると、人類は多大な利益を享受することが可能となる。

例文1を実際のパラグラフ構造を使った文章で表現する

TS：無条件に常にすべての運転操作をクルマの自動運転システムに任せることが可能となる段階になれば、自動運転は自動車社会において多大な利益をもたらすであろう。SP1：まず、より安全で快適な移動が可能となる。SD1：なぜなら、最新の自動運転技術は、人間の運転技術より正確であるからである。SD2：さらに、交通事故を最小限に留められるからである。SP2：また、クルマで移動中も運転以外に時間を使うことが可能となる。たとえば、SD3：移動中に仕事ができる。さらに、SD4：読書をしたり、テレビを見たりすることが可能である。だから、CS：最終段階の「自動運転車」が実現すると、人類は多大な利益を享受することが可能となる。

　このパラグラフ例を読んでみると、論証の内容が読者に理解されやすいように各文が配置されているのが分かります。最初と最後に結論が書かれていますので、結論が強調されています。なお、TSとCSは同じ内容ではありますが、同じ文章を2度読むという煩わしさを避けるために、意味内容を変えずに別の表現をするといいでしょう。ちなみに、パラグラフが短い場合にはCSは省略してかまいません[1]。

5-3-5　サポーティング・ポイントを考える

　パラグラフの構成要素がそれぞれどこに配置されるかについては、大体つか

1）なお、今後想定される自動運転にまつわる事故・問題は、新たな法律問題となることは必至です。参考資料 https://www.mlit.go.jp/jidosha/jidosha_tk2_000048.html

めたのではないでしょうか。ここでちょっと分かりにくい SP（サポーティング・ポイント）について練習問題を解きながら解説を加えます。次の具体例では SP の文が空欄になっています。SD1、SD2、それに SD3、SD4 を読んで、それぞれにどんなまとめ表現（SP）ができるか考えてください。

TS：司法の世界でも、表現の自由のあり方はその国の文化が反映される。

    SP1：（　　　　　　　　　　　　　　　）

        SD1：ワシントン州の最高裁判所は、繰り返してこの権利の重要性を強調したうえで、この権利への制約が合憲か判断するには厳格な審査基準が適用されなければならないとした。

        SD2：この論理に従って裁判所は、表現の自由を乗り越えるためには「州側はやむにやまれぬ利益があることを示し、表現に対する制約がその利益の実現に必要不可欠であることを示さなければならない」と結論づけている。

    SP2：（　　　　　　　　　　　　　　　）

        SD3：日本の最高裁判所は、「裁判官も一市民として表現の自由を有することは当然である」と認めはしたものの、

        SD4：「右自由も、もとより絶対的なものではなく、憲法上の他の要請により制約を受けることがある」ことを強調している。

CS：日本とアメリカの司法制度には相当な開きがある。

(ダニエル・フット、2007 年、168-169 頁より改変)

上記の骨組みを使って、パラグラフ構造で書くと以下のようになります。下線部分が SP にあたります。

  TS：司法の世界でも、表現の自由のあり方はその国の文化が反映される。<u>SP1：ワシントン州の最高裁判所は、表現の自由という裁判官の権利を重視した。</u>SD1：ワシントン州の最高裁判所は、まず、繰り返してこの権利の重要性を強調したうえで、この権利への制約が合憲か判断するには厳格な審査基準が適用されなけ

ればならないとした。SD2：さらに、この論理に従って裁判所は、表現の自由を乗り越えるためには「州側はやむにやまれぬ利益があることを示し、表現に対する制約がその利益の実現に必要不可欠であることを示さなければならない」と結論づけている。一方、SP2：日本の最高裁判所は、公正かつ中立な司法という利益を重視した。SD3：日本の最高裁判所は、「裁判官も一市民として表現の自由を有することは当然である」と認めはしたものの、SD4：「右自由も、もとより絶対的なものではなく、憲法上の他の要請により制約を受けることがある」ことを強調している。だから、CS：表現の自由のあり方はその国の考え方が反映され、それは司法の世界でも例外ではない。

　SD1、SD2にはアメリカにおける裁判官の表現の自由を重視し、それを守るために必要な具体的手続が述べられています。ですから、「ワシントン州の最高裁判所は、表現の自由という裁判官の権利を重視した」が中間的なまとめになります。また、SD3、SD4は同じ問題に対する日本側のスタンスが書かれています。ここでは裁判官の表現の自由については「憲法上の他の要請により制約を受けることがある」ことを強調しています。そこで、SP2としては「日本の最高裁判所は、公正かつ中立な司法という利益を重視した」となります。SPの文はSDの内容を包括的に表現できていれば、どんなものでもいいです。

5-3-6　パラグラフ間の論理的結合

　私たちが読み書きする対象が、1つのパラグラフだけで成立することはまずありません。ほとんどの場合、文章は複数のパラグラフから構成されています（繰り返しますが、日本語で書かれている文章は段落単位で区切られていますので、実際に目にする文章は複数の段落から成るということになります）。

　1つのパラグラフを取り出してみると、その内部は論証という論理で結合しています。つまり、1つのパラグラフ内では互いに関係のある事柄しか書けません。そこで、複数のパラグラフが続く場合には、複数のパラグラフ間の論理的結合が必要となります。つまり、後のパラグラフには直前のパラグラフと関係のないことは書けません。ここでは、パラグラフ間をつなぐ工夫についてお話しします。

5-3-7 第2パラグラフ以降では、先頭にパラグラフ結合文を書く（先頭には トピック・センテンス（TS）を書かない）

つい先ほどまで、パラグラフでは結論/主張を先頭に書くとしていました。た だし、実際の場面で、これが厳密に守られるのは最初に書くパラグラフにおい てだけなのです。なぜなら、2番目以降のパラグラフの先頭の文は、直前のパラ グラフと論理的なリンクをつけるための文を最初に書く必要があるからです。 これを<u>パラグラフ結合文</u>とよんでおきます。形の上では、パラグラフ1 → パ ラグラフ2の最初にパラグラフ結合文 → パラグラフ2の内容、の順になりま す。図14を参照してください。

図 14　パラグラフ間の移行の合図を示すパラグラフ結合文

P1：TS（最初のパラグラフなので TS が先頭にある）→SS1→SS2→CS
P2：P1 と意味的リンクをつけるためのパラグラフ結合文→TS（2 番目のパラ グラフなので TS は先頭には書かない）→SS1→SS2→CS
P3：P2 と意味的リンクをつけるためのパラグラフ結合文→TS（3 番目のパラ グラフなので TS は先頭には書かない）→SS1→SS2→CS

パラグラフ結合文の事例を見てみましょう。

例文 2　（P はパラグラフの区切り目を示しています。以下同じ）

P1：合衆国では、司法や裁判の公正性を象徴する正義の女神は、たいてい目隠 しをしている。これと同じ発想から、合衆国ではしばしば「ジャスティス・イズ・ ブラインド "Justice is blind"」という表現が使われる（ただし、ジャスティスに は、正義、正義の女神、司法、裁判、裁判官といった複数の用法がある。ブライ ンドは目の見えない、という意味である）。逆に、日本の最高裁判所にある正義の 女神の像は目隠しをしていない。これは世界的にみて比較的珍しいが、日本独特 というわけではない。正義の女神の彫像は、古代エジプトやギリシアまでさかの ぼるが、目隠しをするようになったのはローマ時代以降だとされる。そして目隠 しをしていない描写は、今日でもみられる（現に、韓国でもオーストラリアでも 正義の女神は目隠しをしていない）。合衆国の連邦最高裁判所にある正義の女神

の３つの彫像のうち、２つは目隠しをしているが１つはしていない。

　P2：目隠しの元の意味について議論があるようだが、今日では裁判官が偏見や先入観をもたずに裁く、という意味だとされている。厳密にいうと、正義の女神や「ジャスティス・イズ・ブラインド」といった表現で目隠しが強調されるときに重要なのは、裁判官自身ではなく裁かれる側である。すなわち狭義では、当事者や被告人がどんな人であろうと判断は変わらない、ということであり、裁判官がどんな人だろうと判断は変わらない、という意味ではない。しかし、正義の女神像や「ジャスティス・イズ・ブラインド」という表現には、同じような事件は同じように裁かれるべしという、裁判は統一的になされなければならないとの意味も込められていると信じられている。他方、目隠しをしていないのは、どのような意味かと考えてみると、裁判官が最後までしっかり正義を見届ける、と同時に、世間の目にもさらされることを象徴する、と解釈されているようである。

　P3：しかしながら、日米二国の司法制度は、非常に重要な点で、両国における正義の女神の目隠しの有無と著しく対照的である。すでにみたように合衆国では、裁判官が各人各様の個性をもっており、どの裁判官が裁くかによって、事件の進行、判決の理由づけ、場合によっては結論そのものさえ変わり得ることが認められている。さらに、合衆国の裁判官は、しばしば市民の厳しい目にさらされ、ときには裁判がテレビで生中継されることさえある。

　P4：逆に、日本では正義の女神は目隠しをしていないにもかかわらず、当事者や被告人が誰であろうと、そして裁判官も誰であろうと、判決というのは、同じであるものとされている。そして日本の裁判官は国民の目とまったく無縁ではないが、合衆国の裁判官と比べると、国民の目に触れる度合いははるかに低い。

（ダニエル・フット、2007 年、40-43 頁より改変）

【解説】　各Ｐの間に引かれている矢印は、パラグラフ結合文同士をつないでいます。これによってパラグラフ間の論理的リンクがつけられていることに注意してください。

　P1 では、正義の女神が目隠しをしているかいないかについて、別段日米に差

があるわけではないことが書かれています。P2では、この正義の女神の目隠しの話題を受けて、最初の文で「目隠しの元の意味について議論があるようだが、今日では裁判官が偏見や先入観をもたずに裁く、という意味だとされている」としています。これによって、P1とP2の話題の中心が引き継がれていることが分かります。P1の最後の文とP2の最初の文に、「目隠し」というキーワードが重複して使われていることも、論理的リンクを読者に伝えています。

　P2の主旨は、目隠しは、①当事者や被告人と裁判官の判断は独立であること、および、②類似する事件は同じように裁かれるべきであることを意味し、③目隠しをしていないのは、裁判官が最後まで正義を見届け、世間の目にさらされることを意味するということです。この内容を受けてP3では、正義の女神の目隠しの有無と日米二国の司法制度の対照性について話を展開しています。ここでも、P3の先頭の文で正義の女神の目隠しという語句を使い、同じ話題が続行していることを示しています。

　P3では、合衆国では裁判官が個性をもっており、どの裁判官が裁くかによって、裁判の結論が変わりうること、合衆国の裁判官は市民の厳しい目にさらされていることを述べています。P4では、その内容を受けて、P3の内容と対比して、P4の最初の文「日本では正義の女神は目隠しをしていないにもかかわらず、被告人や裁判官が誰であろうと、判決は同じであるものとされている」、としています。ここでもキーワードが繰り返し使われています。そして日本の裁判官と合衆国の裁判官の、国民にさらされる程度の違いに言及しています。P3とP4では、正義の女神の目隠しの有無をめぐって日米の違いを述べています。

例文3

P1：合衆国では、陪審がノートを取ることは一般に認められないが（これは、陪審がノートを取るのに気を取られて、法廷で進行中の証言を聞き落としてしまう、あるいは、陪審による評議のなかでノートが必要以上に重要視されてしまう恐れがあるからとされる）、傍聴人は、報道関係者であろうとなかろうと、当然にノートを取ってよいと考えられてきた。しかし、連邦最高裁判所がリッチモンド新聞事件で述べたように、「今日、人々が裁判について情報を得るためには、自ら裁判を傍聴したり、傍聴した人から口伝てに様子を聞いたりする〔昔のような〕

方法ではなく、出版物や映像メディアによることが主流になっている」。

P2：連邦最高裁判所は「映像メディア」について触れている。実は、合衆国におけるメディアの法廷報道に対する規制は、連邦と州で違うだけでなく、州ごとにも異なっており、さらには、裁判所のレベル（第一審、第二審、最上級審裁判所）によっても違う。そしてこれらは、そのときどきでも変わってくる。とはいえ、1970 年代の半ばまでは、映像メディアが裁判手続の進行中に法廷に入ることを許されていなかった。当時、裁判について報ずる記事やテレビ映像には、今日の日本と同じように法廷で描かれたスケッチなどが使われていた。しかし、裁判手続中の写真撮影、録音、中継は、公正な裁判を受ける権利を損なう恐れがあるとして、連邦裁判所やほとんどの州裁判所では禁止されていた。

P3：裁判所によっては、今日でも法廷へのカメラの持ち込みが禁じられている。その代表例が、連邦の裁判所である。最近、連邦議会は連邦裁判所でのカメラ撮影を認める法案を審議しているが、私がこの本を書いている 2007 年 9 月の時点では、写真撮影や中継は連邦最高裁判所と連邦地方裁判所では禁じられている。

P4：しかし 1975 年以降、いくつかの州では、カメラ撮影が実験的に認められた。フロリダ州は、こういった実験結果を分析したうえで、詳細な基準を示しながらも原則として法廷のカメラ撮影を認めた。ところが、ある刑事被告人が、裁判の一部が放送されたことにより、公正な裁判を受ける権利が侵害されたとして、この制度は違憲だと主張した。これに対し、連邦最高裁判所は 1981 年、刑事被告人が反対している場合でも、州がラジオ、テレビや写真による刑事裁判の報道を認めることは許されるとの判決を下した。

P5：この判決が下されて以来、法廷へのカメラの持ち込みを認める州は増えている。技術の発展により、録音や録画が周りに支障をきたすことがほとんどなくなるとともに、法廷に映像メディアが入ることを認める傾向は、さらに強まっている。どのような範囲の事件でいかなる基準で認めるかは州によって異なるものの、50 ある州ではすべて、一部ないしほぼすべての裁判において（典型例としては、事件を裁く裁判官が、裁判の公正性が損なわれると判断した場合を除くすべ

ての事件で）、法廷にカメラが入ることが認められている。そして、大多数の州で
は、公判の中継が認められている（もちろん、カメラが入ることが認められても、
陪審選任や陪審員そのものを撮影してはならないなど、報道にさまざまな規制が
なされるのが一般的である）。

P6：州の側が映像メディアに法廷へのアクセスを広く認めるようになったの
に応じ、テレビネットワークなどのメディアの側も、裁判の報道を拡大していっ
た。1991年、コートTV（直訳すると「裁判所テレビ」）と呼ばれる、法廷での
裁判の報道と識者による分析を専門にする全米規模のケーブルテレビ局が発足し
た。多くの州でも、地方テレビ局が定期的に裁判の報道を行っており、有名な裁
判の手続きを特集して中継や録画映像を流す全国テレビ局や地方局も少なくない。
裁判のテレビ報道が始まって以来もっとも注目を浴びた事件といえば、伝説のア
メリカン・フットボール選手、O・J・シンプソンが別れた妻とその男性の友人を
殺害したとされる刑事事件である。8カ月に及ぶ公判の間、何百万というアメリ
カ人が連日のテレビ中継に見入った。

P7：連邦裁判所は今のところ、法廷へのカメラの持ち込みやテレビ中継につい
て、州裁判所と比べ慎重な立場を崩していない。1946年に成立して今日も効力
をもっている刑事訴訟規則によれば、連邦地方裁判所の法廷で裁判手続が行われ
ている間は、写真撮影やテレビ中継は禁じられている。連邦裁判所は1996年、
連邦高等裁判所において各裁判所の判断でカメラの法廷への持ち込みを認めても
よいとする決議をしたが、2007年現在、カメラの持ち込みを認める連邦高等裁
判所は12あるうちの2つにとどまっている。皮肉なことに連邦最高裁判所は、
先にみた1981年の判決にもかかわらず、自らの法廷での手続きについてカメラ
による報道を頑なに拒んでいる。

（ダニエル・フット、2007年、48-52頁より改変）

【解説】　隣り合うパラグラフ間の矢印は、同じトピックが1つのパラグラフか
ら隣のパラグラフに継続していることを示しています。パラグラフ間の結合を
最も分かりやすく示す方法は、キーワードを繰り返すことです。パラグラフ3
とパラグラフ4の間ではキーワードの繰り返しはありませんが、ここは時系列

的なつながりを示しています。つまり、2007年9月の時点では、連邦最高裁判所と連邦地方裁判所では写真撮影や中継が禁じられていたのに対して、1975年以降、いくつかの州では、カメラ撮影が実験的に認められた、とその歴史的経緯を振り返っています。

練習問題9　TSを考える（解答と解説は章末にあります）

問3　次のパラグラフの TS に適切な文を考えてください。

> TS（　　　　　　　　　　　　　　　　　　）
>
> 　そのように言える根拠は以下の3つである。1つは、裁判において検察官も弁護士も説得する相手は素人である陪審員であること、2つ目は、言語処理に負荷がかかると陪審員は話の内容を理解できなくなる可能性があること、3つ目は陪審員にとって、弁論に含まれる複数の事柄の関係が把握できることと内容の理解は同義であること、である。

5-3-8 文章を論理的に読む（書く）：実例を使って文章を解体・再構築する

　ここまでは文章を書くときの工夫についてお話ししました。ここからは「論理的に読む」に入りますが、トゥールミン・モデルと合わせて、**書く**ときの工夫も論理的に**読む**場合の道具として使います。

　本章の冒頭で触れたことをより詳細にお話しします。ここでは文章の解体・再構築の相互乗り入れ的作業を、第4章までに学習してきた内容に置き換えてみます。手順は以下のとおりです。なお、手順とは関係なく、必要な接続詞の補充、誤った接続詞の使用の指摘、不必要な文の削除、文章中の論証に使われている根拠の信頼性、導出の妥当性のチェックは常に行います。

5-3-9 論理的に読むときに使用する道具

---

(1) **接続詞・接続語句関係**
・順接、逆接の接続詞、帰結を導く接続詞、理由を述べる接続詞のチェック（解体＋再構築）

(2) **論証関係**
・文章から論証を取り出し、根拠と主張の組み合わせをチェック（解体）
・論拠の推定（論証全体の再構築）

(3) **論理的に書く**
・一文一義への書き換え（解体＋再構築）
・働いていない文の削除（解体）
・パラグラフ構造への当てはめ（解体＋再構築）
・隣接するパラグラフ間の論理的結合の確認と、両パラグラフをつなぐ文のチェック（解体＋再構築）

(4) **根拠の信頼性チェック：事実・考え（推測・意見）関係**
・根拠が経験的事実（E）かどうかチェック
・経験的事実以外はさらに、推測（G）と意見（OP）に分けて判断
・根拠が推測であり、信頼性が疑わしい場合には根拠を入手した過程を確認
・実験、観察、調査などによって当該の根拠が経験的事実であることが確認できるものは、それを筆者が「推測（G）として主張しているもの」として受け

入れます。また、根拠が意見の場合は論証では使えません。

5-4 トゥールミン・モデルを基準として文章を一旦解体し、接続詞を使って論理的な文章として再構築する

まずは、解体・再構築の対象となる例文4を一読してください。

例文4

P1：①人々が紛争に直面した場合、弁護士等への「相談」を通じて自律性を回復し、また「対話」の内在的価値を理解し、かつ、適切な法的情報を得て、当事者自身が相手方と「対話」を行うことにより、両者間の課題を解決することができることが、最も望ましい理想形になろう。②当事者が相互に問題の解決を求めて「対話」をすることはすなわち「交渉」であるが、複雑な取引や紛争の解決を目指して行われる「法的交渉」について、弁護士が「法」と「対話」の専門家として、当事者から援助を求められる機会が今後増加することが見込まれる。すなわち、③当事者が弁護士への「相談」を通じて自律的な力を得て、対話の内在的な価値を理解し「交渉」による解決を目指すことにしたとしても、人間関係など種々の要因から当事者自身で交渉を遂行することができない場合や、相手方との冷静な交渉の場を設定できないなどの障害がある場合等において、人々は相手方との交渉について、弁護士に助力を求めるであろう。④あるいは高度の専門性やリスクが存する分野について、当事者が自分だけで交渉を行うよりも、弁護士の助力によって、よりよい交渉の実現を望む場合もあろう。

P2：⑤このような交渉への助力に関するニーズに応えるためには、弁護士は、予防法務・戦略法務や紛争解決法務の活動における経験や研究に裏打ちされて、「交渉」の遂行に関する適切な援助を提供できる能力を磨かなくてはならない。⑥弁護士は一般に、多数の紛争の解決に関与することを通じて、プレッシャーのもとで冷静に事態の推移や問題点の検討を行う能力を身に付ける機会が多いといえよう。⑦そのような能力は交渉を冷静・沈着に遂行するためにも必要とされるものであり、そのような能力を養った弁護士は「交渉」への関与により依頼者の信

頼を得ることが期待できよう。

　　P3：⑧社会の複雑化・高度化・国際化が進展するほど、当事者間での「交渉」の遂行にも種々の障害や課題が生じることが多くなり、「交渉」へのより高度な弁護士の助力が求められることになろう。⑨そこにおいて当事者が直面する問題には、流動する現場における深刻なリスクや複雑な法的課題はもちろん、重圧の中で行われるコミュニケーションに潜んでいる障害も含まれ、弁護士は社会における「法」と「対話」の専門家として、それらの困難への対処を支援する役割を期待されるであろう。⑩更にいえば、このような困難への対処だけではなく、専門性の高い分野などでよりよい「交渉」の実現のために弁護士が必要とされるようになることが、弁護士業務の拡大とともに期待される。

（大澤恒夫、2004年、173-174頁より引用）[2]

5-4-1　書くように読む：文章の解体と再構築

　上記の文章を最初から順に、同じ内容を自分が論理的に書くとしたらどう書くかを念頭に置きつつ、読み進めましょう。

P1（①から④）

　①の文は、紛争に直面した場合の最も望ましい理想形に含まれる要素が書かれています。このように、項目がリストアップされるような場合には、解体・再構築のルールとして、項目に番号をつけるのが一般的です。下記のように書き換えると理解しやすくなります。また、読点が多数使われる文章は、可能な範囲で一文一義に書き直しながら、読む対象を整えて読んでいきます。

　読みながら書き換えると、以下のようになります。

　①人々が紛争に直面した場合の最も望ましい<u>理想形は、次の３つの要素が含まれている。</u>**つまり、**第１に、弁護士等への「相談」を通じて自律性を回復すること、第２に、「対話」の内在的価値を理解し、適切な法的情報を得ること、そして、第３に、当事者自身が相手方と「対話」を行うことにより、両者間の

2）大澤氏の文章を引用し添削することに関しては、大澤氏から事前の許可を得ています。

第5章　論理的に書く・読む　　181

課題を解決することができること、の3点である。

　ここでは①の下線部の直後に3要素の具体例が出てきますので、接続詞「つまり」を使います。

　②に書かれている、「当事者が相互に問題の解決を求めて「対話」をすることはすなわち「交渉」であるが」は、文章中で何ら役目がないので、削除しましょう。すると、②は、「複雑な取引や紛争の解決を目指して行われる「法的交渉」について、弁護士が「法」と「対話」の専門家として、<u>当事者から援助を求められる機会が今後増加することが見込まれる</u>」となります。この文における結論が下線部であることは自明です。つまり、援助が求められる「頻度」に関する主張になっています。このまま読み進めようとすると、すでに①と②は論理的に結合していないことが分かります。つまり、一方が紛争を解決する場合の理想形の話で、他方は弁護士として援助が求められる頻度ですから、関係があるはずがないのです。ですから、「①、②の順番でこれらの文は**書くことができない**」と読むわけです。

　ここを**読み解くための書き換え**は、第1パラグラフをこの時点で2つに分けることです。つまり、最初のパラグラフは「紛争を解決する場合の理想形の話」で、次のパラグラフは「その理想形が現実問題としては実行困難で、弁護士として援助が求められる頻度が上昇する」ことに言及するものなので、このように**書き換えないと、読み進めることはできません**。

　どんな場合でも、2つの異なる主張は1つのパラグラフ内には書けません。1つのパラグラフでは、論証は1回だけ、結論/主張も1つだけしか登場しないルールを思い出しましょう。ちなみに、①と②の間に何か接続詞が入れられますか？　何も入りません。それに気がつけば、その時点で2つの文の論理的関係についての再考ができるはずです。

　次に、③ですが、接続詞の「すなわち」から始まっていることに注意しましょう。「A、すなわち、B」という言い方をする場合は、AとBは同じ内容についての言及であること、BはAより具体的で分かりやすい内容になっていることが規則でした。ここでAは②に対応し、Bは③に対応します。②は「援助が求められる頻度」ですが、③の内容は頻度の言い換えになっていません。ですか

ら、「すなわち」の使い方が誤っているのです。接続詞を使ったら、その使用法が正しいかどうかチェックするだけでも、接続詞を挟んだ2つの文の論理的関係について考えるチャンスが生まれます。

そこで③、④を見ると、内容的には②の「当事者から援助を求められる機会が今後増加することが見込まれる」の具体的事例になっているのが分かります。ですから、ここの接続関係を考えるなら、「②。**たとえば**、③、④」となります。ここも読むときに、論証の構造を考えて**書き換え**をします。まさに、読みながら書き、書き直すことで読む内容を再確認するわけです。

P2 （⑤から⑦）

⑤は「交渉の遂行に関する適切な援助を提供できる能力を磨かなくてはならない」という結論/主張を出しています。この主張の根拠は直後の文⑥であると推測できます。ですから、「⑤……「交渉」の遂行に関する適切な援助を提供できる能力を磨かなくてはならない。**なぜなら**、⑥弁護士は一般に、多数の紛争の解決に関与することを通じて、プレッシャーのもとで冷静に事態の推移や問題点の検討を行う能力を発揮しなくてはならないからである」とするといいでしょう。

オリジナルでは「⑤……「交渉」の遂行に関する適切な援助を提供できる<u>能力を磨かなくてはならない</u>。⑥弁護士は一般に、多数の紛争の解決に関与することを通じて、プレッシャーのもとで冷静に事態の推移や問題点の検討を行う能力を身に付ける<u>機会が多いといえよう</u>」とあります。⑤と⑥の間に接続詞がありません。それぞれの文を読んで両者の間の関係を考えても、適切な接続詞は見つかりません。つまり、ここでは事実関係はあるものの、論理的に関係のない文章が書かれているのです。

ここでは、⑤と⑥の間に「なぜなら」を入れます。この挿入は**書き換え**に相当します。また、ここでの論証を読み解くには論拠を推定する必要があります。つまり、論拠を補うにはそこに書かれていないことを推定しますので、**書くこと**と等しい行為になるのです。

⑦の「そのような能力」とはその前の文から「交渉の遂行に関する適切な援助を提供できる能力」であることが分かります。⑦をひとまとまりの文として

考えると、⑦は、主張⑤の根拠としての働きがあります。全体としては「⑤、なぜなら、⑥、⑦だから」という論証です。

「⑦そのような能力は交渉を冷静・沈着に遂行するためにも<u>必要とされるものであり、</u>そのような能力を養った弁護士は「交渉」への関与により依頼者の信頼を得ることが期待できよう」をよく見ると、「交渉の遂行に関する適切な援助を提供できる能力は、交渉を冷静・沈着に遂行するためにも必要とされるものである。だから、そのような能力を養った弁護士は「交渉」への関与により依頼者の信頼を得ることが期待できよう」という論証が1つの文の中で生じていることが分かります。「⑦……<u>必要とされるものであり、</u>そのような能力を養った弁護士は「交渉」への関与により依頼者の信頼を得ることが期待できよう」のような書き方をすると、論証が隠されてしまい、書いている本人も論証していることに気がつきにくくなります。ここは論証の知識を背景に、元の文を根拠と主張に**書き直す**必要があります。そうしないと、これより先に読み進めることはできません。文章の解体・再構築は文をミニマムな単位で分解することを前提としています（三浦、2004）。その基本規則に従って論証の単位を明確につかみとり、論拠を推定しておく必要があります。

P3（⑧から⑩）

第3パラグラフを、第2パラグラフとの論理的関係を考慮しつつ書きながら読み解くには工夫が必要です。その工夫とは、「複数のパラグラフを使って文章を構成するために、**パラグラフとパラグラフの間に両者をつなげる文を書き入れること。つまりパラグラフ結合文を入れること**」です。これは前にお話ししました。

第2パラグラフと第3パラグラフをつなぐには、「援助能力を磨くにあたっては、従来の予防法務・戦略法務や紛争解決法務の活動における経験や研究だけでは不十分な状況も想定しておく必要がある」のような文が必要となります。「交渉の遂行に関する適切な援助を提供できる能力を磨かなくてはならない」は第2パラグラフの中心的主張ですが、同時に、第3パラグラフではそれよりもさらに一歩進んだ主張を展開していますので、ここで必要な主張を**書き加える**必要があります。これを⑦aとします。そうすると、⑧はその根拠に使えます。

⑧でも論証が起こっています。「⑧a 社会の複雑化・高度化・国際化が進展するほど、当事者間での「交渉」の遂行にも種々の障害や課題が生じることが多くなる。だから、⑧b「交渉」へのより高度な弁護士の助力が求められることになろう」という論証です。⑧a は、社会の複雑化・高度化・国際化に伴って交渉もより難しくなることについての言及です。そして、⑧b は、それに応じた「より高度な弁護士の助力」の必要性を導いています。文前半に含意されていないことを結論で導いているのですから、帰納が生じていることは明らかです。読む際には論拠を推定し、書き換えるときにはその論拠を追加しなくてはなりません。

⑨の「そこにおいて」は、「社会の複雑化・高度化・国際化が進展する世界において」ということでしょう。⑨の中心的内容は、⑧から推測しているものです。「⑧だから、⑨」ということです。ここにも論証が起こっていますので、論拠を推定しておく必要があります。

なお、パラグラフの最後⑩で「弁護士業務の拡大」について言及していますが、これは削除します。なぜなら、第3パラグラフ（再構築例では第4パラグラフ）の主張は「援助能力を磨くにあたっては、従来の予防法務・戦略法務や紛争解決法務の活動における経験や研究だけでは不十分な状況も想定しておく必要がある」ですので、その主張と「弁護士業務の拡大」は論理的にリンクしない内容だからです。

5-4-2　再構築後の文章例

オリジナルは3つのパラグラフでしたが、再構築後の文章はパラグラフが4つに増えています。必要な箇所に接続詞を入れてあります。さらに、論拠を推定して追加してあります。繰り返します。これらの作業は、文章の理解のために、読むことと書くことを同時に行うものです。この再構築後の文章とオリジナルの文章を比較してみてください。

P1：①人々が紛争に直面した場合の最も望ましい理想形は、次の3つの要素が含まれている。**つまり**、第1に、弁護士等への「相談」を通じて自律性を回復す

ること、第2に、「対話」の内在的価値を理解し、適切な法的情報を得ること、そして、第3に、当事者自身が相手方と「対話」を行うことにより、両者間の課題を解決することができること、である。

P2：②確かに、紛争においては当事者自身が相手方と対話するのが理想的であろう（P1とP2とのパラグラフ結合文）。しかし、実際の複雑な取引や紛争の解決を目指して行われる「法的交渉」については、当事者同士の対話だけではなく、弁護士が「法」と「対話」の専門家として、当事者から援助を求められる機会が今後増加することが見込まれる。たとえば、③当事者が弁護士への「相談」を通じて自律的な力を得て、対話の内在的な価値を理解し「交渉」による解決を目指すことにしたとしても、人間関係など種々の要因から当事者自身で交渉を遂行することができない場合や、相手方との冷静な交渉の場を設定できないなどの障害がある場合等において、人々は相手方との交渉について、弁護士に助力を求めるであろう。④あるいは高度の専門性やリスクが存する分野について、当事者が自分だけで交渉を行うよりも、弁護士の助力によって、よりよい交渉の実現を望むようなニーズもあろう（P3へつなぐためのキーワードを入れておく）。

P3：⑤このような交渉への助力に関するニーズに応えるためには、弁護士は、予防法務・戦略法務や紛争解決法務の活動における経験や研究に裏打ちされて、「交渉」の遂行に関する適切な援助を提供できる能力を磨かなくてはならない。なぜなら、事実、⑥弁護士は一般に、多数の紛争の解決に関与することを通じて、プレッシャーのもとで冷静に事態の推移や問題点の検討を行う能力を発揮しなくてはならないからである（書き換えとして追加された論拠：適切に力を発揮するには普段からのトレーニングが必須であると推定できるからだ）。そして、⑦そのような能力は交渉を冷静・沈着に遂行するためにも必要とされる。だから、そのような能力を養った弁護士は「交渉」への関与により依頼者の信頼を得ることが期待できよう。なぜなら、冷静・沈着な人間は実力があるとみなされるからだ（書き換えとして追加された論拠）。結論を繰り返すと、弁護士はさまざまな分野の法務の活動を通じて「交渉」の遂行に関する適切な援助能力を鍛えておく必要がある。

P4：⑦a 援助能力を磨くにあたっては、従来の予防法務・戦略法務や紛争解決法務の活動における経験や研究だけでは不十分な状況も想定しておく必要がある（P3とP4とのパラグラフ結合文）。なぜなら、⑧a 社会の複雑化・高度化・国際化が

進展するほど、当事者間での「交渉」の遂行にも種々の障害や課題が生じること
が多くなるからだ。だから、⑧b「交渉」へのより高度な弁護士の助力が求められ
ることになろう。さらに、⑨そのように複雑化・高度化・国際化する社会では、
当事者が直面する問題には、流動する現場における深刻なリスクや複雑な法的課
題はもちろん、重圧の中で行われるコミュニケーションに潜んでいる障害も含ま
れ、弁護士は社会における「法」と「対話」の専門家として、それらの困難への
対処を支援する役割を期待されるであろう。

　ここで、第4章の「4-7-6　主論証と副論証を組み合わせて論証全体を捉える」
で論証図にした文章を、パラグラフ構造で書き換えてみましょう。実際に書き
直す前に、いくつかの前提を確認しておきます。なお書き換え対象となってい
る原文は第4章（143頁：最判昭和51・9・30民集30巻8号816頁（820-821頁）よ
り改変）を参照してください。
　この文章は最高裁の判決文であり、いわば法的世界における伝統的な書き方
に則って書かれています。ですから、その書き方はパラグラフ構造に基づく書
き方とは大きく異なっています。繰り返しますが、パラグラフ構造では、1つの
論証が1つのパラグラフに対応していますので、最初に結論が書かれたら、そ
の直後に結論を支える証拠としての経験的事実が書かれるという単純な形式を
とります。しかし、ここで扱っている判決文（後で具体的に言及します）は、当
該の結論を支えるために、経験的事実だけではなく、「論証」を理由として使っ
ています。これはパラグラフ構造のルールという観点からはルール違反です。
さらに、但し書きなどが途中で書かれていて、パラグラフ構造で書く場合には
それをうまく取り込むことはできません。その点、判決文の書き直しにおいて
は、通常のパラグラフ構造のルールを隅々まで適用することはできません。そ
れを念頭に読んでください。
　一般に文章を書き換える、添削するという場合、その文章を書いたのは自分
自身であったり、または他者の文章であったりします。そして、その場合、書
き換えはその文章を書いた人へのフィードバックを前提にするのが一般的で
しょう。しかし、ここではちょっと事情が異なります。つまり、書き換えの対

象となっているのは、国民が誰でも読めるように公にされている判決文ですので、ここでの書き換えはこの文章を書いた人（人たち）へのフィードバックを念頭に入れているものではありません。そうではなく、むしろ、一般的な読者のみなさんへ向けての書き換えです。ここではあくまでも文章の分かりやすさを最優先しますので、オリジナルの文体を忠実に反映していない箇所が含まれています。

　なお、ここでの書き換えではパラグラフ間の論理的結合を保つために、隣り合わせのパラグラフのつなぎ目には内容的な重複（両方向の矢印）があります。これは、パラグラフ構造におけるルールを可能な限り忠実に守ることを主眼としているためです。

パラグラフで書き換えた例

　　P1：⑥予防接種に際しての問診の結果は、他の予診方法の要否を左右するばかりでなく、それ自体、禁忌者発見の基本的かつ重要な機能をもつものである（TS）。そう結論づけるのは以下の理由による[3]。①インフルエンザ予防接種は、接種対象者の健康状態、罹患している疾病、その他身体的条件又は体質的素因により、死亡、脳炎等重大な結果をもたらす異常な副反応を起すこともあり得る。だから、②これを実施する医師は、右のような危険を回避するため、慎重に予診を行い、かつ、当該接種対象者につき接種が必要か否かを慎重に判断し、実施規則4条所定の禁忌者を的確に識別すべき義務がある。したがって、⑥上記の理由により、予防接種に際しての問診は禁忌者発見の重要な機能をもつものである（CS）。

　　P2：ただし、④予防接種に際しての予診に関してはそれを実施する医師は、実施規則4条所定の方法（問診、視診、体温測定、聴打診等の方法）すべてによって診断することを要求されるわけではない（TS）。⑤とくに集団接種のときは、まず問診及び視診を行い、その結果異常を認めた場合又は接種対象者の身体的条件等に照らし必要があると判断した場合のみ、体温測定、聴打診等を行えば足りると解するのが相当である（実施要領第1の9項2号参照）。なぜなら、③実施規則4

　　3）パラグラフの基本ルールでは、ここ以降には経験的事実が書かれます。ここでは論証を支えるためにもう1つの論証を使っています。

条は、予診の方法として、問診、視診、体温測定、聴打診等の方法を規定しているが、④予防接種を実施する医師は、必ずしも右の方法すべてによって診断する必要はないからである（CS）。

P3：⑩予防接種を実施する医師としては、問診するにあたって、接種対象者又はその保護者に対し、単に概括的、抽象的に接種対象者の接種直前における身体の健康状態についてその異常の有無を質問するだけでは足りない。それに加えて、禁忌者を識別するに足りるだけの具体的質問、すなわち実施規則４条所定の症状、疾病、体質的素因の有無およびそれらを外部的に徴表する諸事由の有無を具体的に、かつ被質問者が的確に応答ができるような適切な質問をする義務がある（TS）。なぜなら、⑨前記のとおり、予防接種に際しての問診の結果は、禁忌者発見の基本的かつ重要な機能をもつものであるからである。また、⑦問診は、医学的な専門知識を欠く一般人に対してされるものであるからである。つまり、⑧問診は質問の趣旨が正解されなかったり、的確な応答がされなかったり、素人的な誤った判断が介入して不充分な対応がされたりする危険性をももっているものである。

P4：⑫問診における質問の方法は、すべて医師の口頭質問による必要はなく、これを事前に補助する手段を講じることは許容される（TS）。例えば、⑬質問事項を書面に記載し、接種対象者又はその保護者に事前にその回答を記入させておく方法（いわゆる問診票）、質問事項又は接種前に医師に申述すべき事項を予防接種実施場所に掲記公示し、接種対象者又はその保護者に積極的に応答、申述させる方法及び医師を補助する看護婦等に質問を事前に代行させる方法等を併用することができる。なぜなら、⑪もとより集団接種の場合には時間的、経済的制約があるからである。したがって、事前に補助する手段を講じることにより、質問の方法をすべて医師の口頭質問による必要はないのである（CS）。

P5：⑯医師の口頭による問診の適否は、質問内容、表現、用語及び併用された補助方法の手段の種類、内容、表現、用語を総合考慮して判断すべきである（TS）。なぜなら、⑭予防接種を実施する医師の口頭による一般人に対する問診は、禁忌者を識別するに足りるだけの具体的かつ適切な質問をする必要があるからである。ただし、⑮これを事前に補助する手段を講じることは許される。

P6：最終的な結論として、⑲適切な問診を尽くさなかった医師は接種に際し、予防接種の異常な副反応により禁忌すべき接種対象者が死亡又は罹患したという結果を予見しえたものであるのに過誤により予見しなかったものと推定するのが相当である（TS）。なぜなら、⑰地方公共団体が実施する予防接種において、医師は上記の方法による適切な問診をすべきであるにもかかわらず、⑱医師が適切な問診を尽さなかった。そのため、接種対象者の症状、疾病その他異常な身体的条件及び体質的素因を認識することができなかった。その結果、禁忌すべき者の識別判断を誤って予防接種を実施し、予防接種の異常な副反応により接種対象者が死亡又は罹病したという事実が発生したと考えられるからである。

【解説】　P1 の結論は⑥ですので、これがパラグラフの先頭に書かれます。一般にはこの結論の直後に根拠としての経験的事実を記述しますが、この例では「①だから②」という論証が⑥の理由として書かれていて、その論証が⑥を支えている点で一般的ではありません。一般的な議論ではその論証を成立させるために論拠が必要になります。1 つの論証に最低 1 つの論拠が必要になりますが、この事例では「①だから②」の論証に論拠が明示されていません。ここでは、「要因が複合的に絡んで生じる結果への事前予測には的確な判断が必要である」といった簡単な論拠が推定できるため、論拠が示されていないことはさほど大きな問題にはならないでしょう。

　P2 のはじめの文と P1 の最後の文に下線が書かれていて、両者が矢印で結ばれています。これは隣り合わせのパラグラフ間に論理的リンクをつけておくため、文の内容を重複させていることを表す工夫です。これによって、P1 での話の中心的話題が、次の P2 にも引き継がれていることを明示します。これ以降も同様に隣り合わせのパラグラフには矢印が書かれています。

　P2 のはじめの文が TS です。ここは但し書きが挿入されている箇所で、P1 と無関係ではないことは間違いありませんが、パラグラフ構造で書く場合には但し書きを P1 と同じパラグラフ内へ取り込むルールがありません。そこで変則的ではありますが、但し書きの部分だけを別のパラグラフにしてあります。但し書きは、それまでの論証の論理的流れを一旦切ってしまいます。ですから、当該のパラグラフと次のパラグラフの連続性が不明瞭になってしまいますので、

一般的な書き方としては、論証を意識する場合には但し書きは脚注にするなどの方法をとります。

　P3 の結論部分はちょっと長い文になっています。これが P3 の TS ですので、先頭に書かれています。その後に、⑦が結論を支持する根拠として書かれています。⑧は⑦をさらに具合的に解説している文です。

　P4 ですが、予防接種を実施する医師が問診するにあたっての心構えについて、P3 で出している結論を引き継いで、問診の方法についてさらに新たな結論を出しています。P5 では、さらに問診を適切に実行するための補助手段について書かれています。このパラグラフは短いため CS は省略してあります。また、このパラグラフは但し書きで終わっているため、P6 の先頭の文とのつなぎ文が書かれていません。

　P6 では、TS を支持する根拠として⑰と⑱を書きますが、⑱の元の文が一文一義で書かれていなかったので、一文一義に書き直しています。

5-5　パラグラフを使ってレポートを構成する方法

　大学に提出するようなレポートを論理的に書く場合には、次のようにパラグラフを構成するとよいでしょう。図 15 は、レポートを構成するある 1 つの節を図式化したものです。

図 15　パラグラフで構成する節

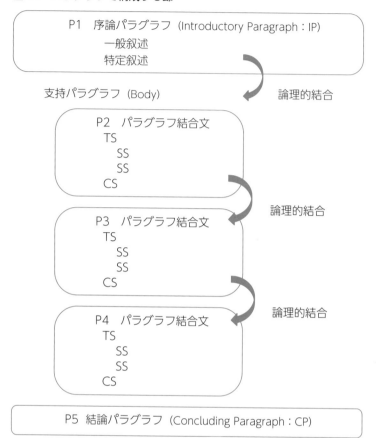

P1　序論パラグラフ（Introductory Paragraph：IP）
　　一般叙述
　　特定叙述

支持パラグラフ（Body）

　　　　　論理的結合

P2　パラグラフ結合文
　TS
　　SS
　　SS
　CS

　　　　　論理的結合

P3　パラグラフ結合文
　TS
　　SS
　　SS
　CS

　　　　　論理的結合

P4　パラグラフ結合文
　TS
　　SS
　　SS
　CS

P5　結論パラグラフ（Concluding Paragraph：CP）

　ここで図 15 の概要についてお話ししておきます。ある節の最初には序論パラグラフ（IP）を書きます。次いで IP で取り上げる話題・問題で出されている結論/主張を支持する支持パラグラフ（Body）が続きます。最後に結論パラグラフ（CP）が書かれます。IP と CP は基本的には同じ内容になります。このように節で書かれる複数のパラグラフ間の関係は 1 つのパラグラフにおける TS、SS、CS の関係と同じです。

5-5-1　序論パラグラフ（Introductory Paragraph：IP）

IP は<u>一般叙述</u>と<u>特定叙述</u>に分類されます。

一般叙述

次の 2 点が含まれています。

　① 当該の論文、レポート等で扱うトピックを一般的に表現し、導入とする。

　② 展開する内容に直接関係する一般的トピックについて言及する。

図 16　一般叙述から特定叙述への移行のイメージ

（一般的でより広い話題から始め、論文・レポート
で問題にする内容へと絞り込む）

　IP は図 16 にある漏斗のようなイメージで書きます。話題の最初は間口が比較的広く、徐々に話題を狭くしていき、論文・レポートが扱う特定のトピックへと移っていくというイメージです。

　IP の最初は、論文が扱う話題に関する一般的な事柄から書き始めます。話題の最初を一般的な内容にすることで、読者が違和感なく話題に入れるのです。このときに注意するべき点は、論文・レポートの話題と無関係であるとはいえないものの、あまりにも一般的すぎたり、抽象的なことは書かないということです。たとえば、「裁判における法的三段論法」を論じる場合に、「そもそも法とは何か、法とはどうあるべきか」などから書き始めると、この後に来るより具体的な特定叙述との間に大きな隔たりができてしまい、話がスムーズに流れなくなってしまいます。

　一般叙述は最初の数行で終えて、その後の文章は、順次、論文・レポートで扱う問題により焦点をあてた文（特定叙述）にしていきます。そして、IP の最後では、特定の内容に向けて話題を絞り込みます。このとき、注意しなくてはな

らない点は、後続の文の内容は常にその直前の文の内容に比べ、より特定的、より具体的である必要があるということです。つまり、文を読み進めていくと、話題の抽象度が下がっていく（具体性が高まっていく）ようにすることです。漏斗のイメージのように、一般的で広い話題から特定の狭い話題への流れを作るということです。そして、一般叙述の最後の文は特定叙述につながる文でなくてはなりません。

特定叙述（論文・レポートなどで論じる中心的トピックに言及すること）

　特定叙述は、一般叙述の一番最後の部分を受けて書かれます。特定叙述には次の点が含まれています。

　　① 論文・レポートで扱う主たるトピックに言及する。
　　② 論文・レポートで扱う主たるトピックのサブトピックのリストに言及する。
　　③ 論文・レポート全体がどう構成されているかについて触れる。

　IP では特定叙述を中心に書きます。ここでは、当該の論文・レポートで言及することすべてについてその概要を書きます。これによって、読者が当該の論文・レポートで何が論じられるのかが一望できるわけです。第1に、①論文・レポートで扱うある特定のトピックに言及します。次に②その主たるトピックの中でどんな点に触れるのかをリストアップします。つまり、Body で議論されるサブトピックに簡単に言及します。こうすることで、特定叙述で問題にする内容がどんな具体的事柄で支持されるかを示しておくのです。さらに、③論文の全体的構成がどうなっているかについても言及しておきます。ここまで書いておくと、読者はこれからどの順番で何が語られるかについての予習ができるので、読みやすくなります。

5-5-2　支持パラグラフ（Body）

　IP の直後に Body を書きます。節における Body は1つのパラグラフにおける SS と同じ役割をしています。すなわち、複数の Body（論証）が IP の特定叙述での結論/主張をサポートするわけです。1つのパラグラフにおける結論/主張を支持するのは経験的事実でしたが、節の場合にはサポートする単位が論証

になるということです。

　1つのパラグラフを書く場合であっても、論証の内容には注意が必要です。まして、論文などの Body で複数のパラグラフ（論証）間の関係の論理性を整えるには、どんな内容の論証を、どの順で書いていくかについて、本文を書き始める前に慎重な準備が必要となります。Body を組織立てて書くには、最初にアウトラインを書くことがポイントです。後述の「5-6　アウトラインを書く」を参照してください。また、あるパラグラフから次のパラグラフへ移るときには、必ず両者間の論理的関係を明記するために移行の合図をすることも必要です。

5-5-3　結論パラグラフ（Concluding Paragraph：CP）

　節の最後には CP を書きます。CP では最初の IP で書いた主たるトピックをまとめ、再度確認します。すなわち、Body で論じられた論証の内容のポイントをまとめます。そして特定叙述の内容の意味を変えずに、他の表現で書き直します。さらに、Body で示した情報（根拠）を背景に、主たるトピックについての最終的コメントを述べます。「結論として」などの表現を使い、これが CP であることを表明します。ここは節の最後の部分ですから、読者の印象に残るようなインパクトのある表現にするといいでしょう。

5-6　アウトラインを書く

　何かに関してレポートなどを書く場合、大体の見当をつけたらすぐに書き始めるのは、結果的に効率の悪い書き方になります。論文をはじめとする比較的長い文章を書く場合には、効率を上げるため、書き始める前にアウトラインを書いておくと便利です。

　アウトラインとは、自分に向けて書いた丁寧な目次です。目次は一般に読者に向けて書くものですが、アウトラインはあくまでも自分のためのものです。ですから、最後の最後まで修正変更を続けて構いません。アウトラインを丁寧に準備しておくと、長い文章でもスムーズに書けます。

　たとえば、A4 用紙で 100 ページになるような内容でも、アウトラインにす

れば数ページで全貌がつかめます。100 ページすべてに繰り返し目を通し、全体を何度もチェックするのは大変です。それに、100 ページに及ぶような文章の構成内容を修正変更する場合に、修正変更の結果が他のどの部分に影響するかなどを一気に把握するのは困難です。一方、数ページのアウトラインであれば一望できますので、部分と全体の関係などについて整理が楽になるのです。実際の例でアウトラインを見てみましょう。

5-6-1　議論モデルに関する文章のアウトラインの例

　以下に、トゥールミン・モデルの汎用性について論じる際に（198-200 頁）、事前に作成したアウトラインを示します。この程度のアウトラインをまず作ります。そして、そのアウトラインに沿って実際の文章を書いていきます。なお、どのようにしてそのアウトラインに到達したかの紆余曲折が分からないと、完成したアウトラインだけを読んでもあまり参考にならないと思います。そこで、本章の末尾にアウトラインを完成させるまでのプロセスを詳らかにしておきます。そちらも参考にしてください。

Ⅰ　序論パラグラフ (IP)

　一般叙述　議論のモデルには分野ごとにさまざまなものがある。

　特定叙述　領域を超えて広い分野で使われる議論モデルとしては、汎用性の高いトゥールミンの議論モデルが最適である。

　　　　　　本節ではトゥールミン・モデルの汎用性の裏づけとして、①日常的会話、②大学のゼミの発表、③学術的論文にわたり、トゥールミン・モデルが使用されていることに言及する。

Ⅱ　支持パラグラフ (Body)

　Body A の TS：最も卑近な「議論」は、友達同士で語り合う軽い話し合いである。

　　1．結論を明確にする必要がない議論

　　　a．論証事例としての「次の休みにどこへ出かけるか」

　Body B の TS：論証を意識する必要があるのは、大学のゼミでプロジェクトの結果を発表するときである。

1．論証の要素を整える。

　　　　　a．根拠：経験的事実、推測、意見の区別

　　　　　b．主張：非経験的事実

　　　　　c．論拠：仮定

　Body C の TS：最も厳密な議論が要求されるのは、学会発表や学術論文の執

　　　　　　　筆である。

　　　1．科学的議論の理論的背景の提示

　　　　　a．データより先に理論モデルについて言及

　　　2．実験的手続の背景にある補助仮定の提示

　　　3．科学的議論では理論を構成する仮定に関することが議論の中心

　　　　　a．理論の説明力

　　　　　b．仮定の数

Ⅲ　結論パラグラフ（CP）

　一般叙述　議論のモデルには分野ごとにさまざまなものがある。

　特定叙述　領域を超えて広い分野で使われる議論モデルとしては、汎用性の

　　　　　　高いトゥールミンの議論モデルが最適である。

　なお、ちょっと時間はかかりますが、TS 文をアウトラインに最初から書き込んでおくと便利です。その TS の内容を引き出せるような SS の見出しまでカバーできればさらに文章作成の効率が上がります。このような下準備を重ねて「これでまず、文章全体にわたり論理的な構造に問題はない」と確認した上で書き始めると、完成度の高い論文・レポートになります。

5-6-2　アウトラインを使って議論モデルに関する文章を書く

　先ほど作成したアウトラインを骨組みにしながら、そこに文章を肉付けしてみます。アウトラインとそれを文章化したものとを比較してみてください。参考のために、アウトラインで使用している項目を文末に書いておきます。下線部分は TS、網掛け部分はパラグラフ結合文です。

序論パラグラフ（IP）

　議論のモデルにはさまざまなものがあり、分野ごとにその特徴がある。たとえば、神経科学的議論と法学的議論では使われる議論のモデルが異なっている（**一般叙述**）。神経科学的議論では説明理論モデルを使って、それが事象をどの程度再構築できるかを実証実験によって検証するが、一方、法学的議論では判決に関わる法律効果を導くために、要件事実と法律効果をつなげる条文その他の規範との整合的組み合わせを重視する。このように分野ごとに異なる議論モデルがある一方で、領域を超えて広い分野で使用可能な議論モデルにトゥールミンの議論モデルがある。このモデルは汎用性が高く、一般的な会話から学術的議論に至るまでカバーできる（下線部分は**特定叙述**）。本節では、トゥールミン・モデルの汎用性の裏づけとして次の3つの事例について言及する。まず、第1は日常的会話に見られる論証、第2は大学のゼミの発表での議論、そして第3は学術的論文における議論である。それぞれで、トゥールミン・モデルが使用されていることに言及する（ここまでが**本節の全体構成**）。

支持パラグラフ（Body）

　第1に、さまざまな議論の中で最も卑近な「議論」は、友達同士で語り合う軽い話し合いである。そんな会話でも無意識に議論のモデルが使われている（Body A の TS）。たとえば、次の休みにどこへ出かけるかを話しているとき、「僕は京都に行きたい」と言えば、相手から「どうして？」と聞かれるだろう。「京都に行きたい」が主張で、「どうして？」はその根拠を聞いていることになるが、この会話で論証を意識する人はまずいないだろう。それでありながら、根拠と主張を組み合わせた論証をしているのである。

　次の休みに出かけたい場所についての話よりは論証を意識する必要があるのは、大学のゼミでプロジェクトの結果を発表するときである（網掛け部分はBody A と Body B をつなぐ文）。このような場面では、自分が発言する際には、トゥールミン・モデルに沿って論証の要素を整える必要がある（Body B の TS、**1. 論証の要素を整える**）。まず、自分の主張や結論がどんな経験的事実（根拠）から導かれたのかを示す必要がある。ここでは根拠が事実なのか、推測なのかを明確に区別する必要がある（**a. 根拠：経験的事実、推測、意見の区別**）。推測を根拠にする場合には、どのようにすればその推測が事実として示せるかの具体的

手続を示す必要がある。さらに、結論/主張は非経験的事実であり、根拠から飛躍して導出されたものであるので、必ずしも正しいとは限らないことも意識する必要があるだろう（b. 主張：非経験的事実）。次に根拠と結論/主張を結びつける論拠の提示が必要となる。つまり、根拠と主張だけの提示では論証は完結しない。帰納的論証では、根拠に含意されないことが結論/主張で導かれるため、必ず根拠から結論/主張へ飛躍が生じる。その飛躍が無理のないものであることを保証するための仮定として論拠は欠かせない（c. 論拠：仮定）。

　ゼミでのプレゼンテーションよりも厳密な議論が要求されるのは、学会での発表や学術論文の執筆である（Body C1 の TS）。ここではトゥールミン・モデルがフルに活用される。根拠から結論が導かれる際には、論拠が必要となる。また、経験的事実としての根拠だけを取り上げてもトゥールミン・モデルの論拠が使われている。たとえば、科学的議論では、根拠となる事実・データが自分の結論/主張を支持することを目的に収集されるため、世界の事象・現象をどのような視点（論拠）から眺めているかの理論的背景を示さなくてはならない（a. データより先に理論モデルについて言及）。言い換えるなら、視点が変わると対象としての事実認識が変化するのである。このように学会での発表や学術論文の執筆では、随所にトゥールミン・モデルが使われる。

　仮説を検証するための実験を行う場合でも、その実験を実施する際に暗黙に想定している論拠として仮定（実験補助仮定という）についても明示する必要がある（Body C2 の TS、2. 実験的手続の背景にある補助仮定の提示）。たとえば、「暴力を振るう」という行為を「人形を叩く」という行為を通して実験・観察を行う場合には、「人形を叩くことは人に暴力を振るうことと同義である」という実験補助仮定が効いている。この実験補助仮定も、トゥールミン・モデルにおける論拠に対応している。

　科学的議論では理論を構成する論拠・仮定に関することが議論の中心になる（Body C3 の TS）。理論は事象を説明するための仮定が集まったものであるが、各仮定は説明力がなくてはならない（a. 理論の説明力）。つまり、この力は仮定を組み合わせて当該の事象がどれくらい整合的に再構成できるかで評価される。また、仮定の数は少ないほどいいとされているので、仮定をより少なくするための議論が行われる（b. 仮定の数）。これらはすべてトゥールミン・モデルにお

ける論拠を扱うことに相当する。

結論パラグラフ（CP）

　本節での話を振り返っておく。まず、トゥールミン・モデルはさまざまな領域を超えて広い分野で使える汎用性の高いモデルであることが確認できた（CPのTS）。つまり、トゥールミン・モデルは、ごく普通の日常的会話のレベルから学術的な科学的議論に至るまで使用が可能である。このことは、本節で取り上げた具体的な事実からも支持される。たとえば、今度の旅先の決定、大学のゼミでのプロジェクト結果の発表、学術的議論など広い分野においてトゥールミン・モデルが使われている。

付録：どのような紆余曲折を経て現時点でのアウトラインにたどり着いたのか

　著者が、最終的アウトラインにたどり着くまで、最初に思いついた内容をその後、どのように試行錯誤して修正変更したのかについて、そのまま告白します。いろいろなところに思いが飛び回りますが、そのまま書きますので、ごちゃごちゃしたものになります。思いつきで書いて、整理されていないものを、論理という道具で振り返りながら修正変更するのが、書くということにほかなりません。ちなみに、書くという行為は、常に中間的なものであり、プロセスであり、最終的で完璧なものではありません。「最終版」とするのは、あくまでも暫定的なものであり、なんらかの時間的締め切り等々の事情があるからです。前置きはここまでにします。

　まず、みなさんにアウトラインの例として、どんなトピックがいいかを考えました。そのとき、主となる結論/主張を何にしようか、そしてその結論/主張を裏づける内容があるかどうかも同時に考えました。つまり、結論/主張を支持する資料（根拠、経験的事実）があるかを考えました。この資料がないと主張だけに終わってしまいますので。

　そこで本書と関係のある話題がいいと思い、「トゥールミン・モデルが、使いやすい、いい論証モデルである」という結論にしようと思いあたりました。そこで、特定叙述には、おおよそ「トゥールミン・モデルは、領域を超えて広い分野で使われている。議論モデルでは、汎用性の高いトゥールミンの議論モデルが最適である」というような趣旨のことを結論として考えておきました。特

定叙述としての結論を考えてから、一般叙述を考えました。一般叙述では、議論のモデルにはいろいろなものがあることに言及し、次にその1つにトゥールミン・モデルがあるということを言っておけばいいと考えたのです。

特定叙述では、「トゥールミン・モデルは、領域を超えて広い分野で使われている。議論モデルでは、汎用性の高いトゥールミンの議論モデルが最適である」と結論づけています。そこに「領域を超えて広い分野」と書いているので、主張を裏づける根拠を複数の箇所から取り出す必要があります。そこで、「領域を超えて広い分野」として3つくらい例があればいいかと思い、①普段の雑談的会話、②大学のゼミの発表、③学術的議論、を大まかに選んだのです。もっと広げてみようかと思いましが、ここでやめました。学術的議論などの例は、学問分野を特定すればいろいろな種類の議論モデルが出せるのですが。

特定叙述と一般叙述ができましたので、この段階で一旦、ここまでのアイデアを序論パラグラフの形式でアウトラインを書いてみました。それが以下のようなものです。

一般叙述　議論のモデルには分野ごとにさまざまなものがある。
特定叙述　領域を超えて広い分野で使われる議論モデルとしては、汎用性の高いトゥールミンの議論モデルが最適である。
　　　　　トゥールミン・モデルの汎用性の裏づけとして
　　　　　① 日常的会話
　　　　　② 大学のゼミの発表
　　　　　③ 学術的論文

ここまでの骨組みを簡単に書いておいて、次はそれぞれの文に具体的な内容を肉付けしました。一般叙述のところは、最初は「議論のモデルにはさまざまなものがあり、分野ごしにその特徴がある。たとえば、神経科学的議論と法学的議論では使われる議論のモデルが異なっている」としたのですが、これでは、神経科学的議論と法学的議論のどこが違うのか分かりません。そこで、神経科学的議論では説明理論モデルを使って、それが事象をどの程度再構築できるかを実証実験によって検証するが、一方、法学的議論では判決に関わる法律効果

を導くために、要件事実と法律効果をつなげる条文その他の規範との整合的組み合わせを重視することを追加しました。

　ここまでを受けて、このように分野ごとに異なる議論モデルがあることを事例として具体的に示し、次に領域を超えて広い分野で使用可能な議論モデルにトゥールミン・モデルがあると展開したのです。ここからが特定叙述で、ここから一番言いたいことを言い始めます。トゥールミン・モデルは汎用性が高く一般的な会話から学術的議論に至るまでカバーできる（**特定叙述**）としておき、その裏づけを先ほど用意した順番で書くことにしたのです。第1は日常的会話に見られる論証、第2は大学のゼミの発表での議論、そして第3は学術的論文における議論です。それぞれで、トゥールミン・モデルが使用されていることに言及すればいいとしました。支持パラグラフの内容に入るまでに、**本節の全体構成**を読者に示せているかを確認しておきました。

　支持パラグラフ（Body）は3つあることを念頭に置きながら、Body A では最も卑近な「議論」は、友達同士で語り合う軽い話し合いとし、論証事例としての「次の休みにどこへ出かけるか」を取り上げました。

　最初は、これ以外の例として「好みの食べ物」の例を挙げたのですが、ここでの事例の重複はあまり効果がないと判断して削除しています。

　次に Body B では、大学のゼミなどでプロジェクトの結果を発表する場面を想定しました。ここでは、日常会話にはない論証の要素を揃えておく必要性と同時に、根拠（経験的事実、推測、意見の区別）なども追加しておきました。

　さらに、Body C では、最も厳密な議論が要求される事例として、学会発表や学術論文の執筆を取り上げました。学問分野によって議論で要求される内容はさまざまですが、ここでは科学的議論を例に、理論的背景の提示を中心に指摘しました。データより先に理論モデルに言及することにより、論拠が議論の中心になることを示そうと考えたのです。これは「人形を叩くことは人に暴力を振るうことと同義である」という実験に対応する話です。また、実験的手続における補助仮定の提示、理論の説明力なども事例として含んでいれば、トゥールミン・モデルのカバー範囲の広さが示せるのではないかと思ったのです。最後は、結論パラグラフで序論パラグラフの内容を再度確認しておきました。

5-7　本章で学んだこと

　論理的に書く・読む（読む・書く）ことは、それぞれが独立した行為ではなく、お互いに相互作用を保ちながら進めていく作業です。その際、使用する具体的な道具が接続詞の使用法、論証の知識（特に論拠、論証図）、一文一義、パラグラフ構造での論証表現です。

　文章の読み書きに関して、接続詞の機能と役割に敏感になりましょう。文章を読んでいて、連続する2つの文の間に適切な接続詞を入れることができない場合には、その2つの文には論理的な関係がないことも把握しておきましょう。これは、読みながら、書き換える必要のある箇所を発見することでもあります。

　複雑な議論を読む場合（書く場合）には、議論全体がどのような論証から構成されているかを俯瞰することが大事です。その場合には論証図を使います。さらに、論証図は、複数の論証に使われている根拠の組み合わせに注意を払うことを容易にしてくれます。推定できる論拠間の関係についても把握しておきましょう。

　句点までに多くの読点を含む文章は、論理的な関係が曖昧になります。その文章を一文一義に読み換えながら読むことにより、文章に含まれる複数の文の関係性を確認することが大事です。これも読みながら書くことにつながります。論証を分かりやすく表現するには、パラグラフ構造が有益です。パラグラフ構造で書く習慣を身につけましょう。

「敵を知り己を知れば百戦あやうからず」は、司法試験にもあてはまります。

司法試験合格を本気で目指す人であれば、司法試験の傾向と対策を知るために、司法試験の過去問を解いて分析すると思います。そして、その際、法務省が公表している論文式試験問題の出題の趣旨や採点雑感を読む人は多いと思います。

しかし、司法試験法を読んだことのある人は少ないように思います。そこで、ここでは、司法試験法から司法試験に合格するために必要なことを読み解いてみたいと思います。

司法試験法1条は、「司法試験は、裁判官、検察官又は弁護士となろうとする者に必要な学識及びその応用能力を有するかどうかを判定することを目的とする国家試験とする」と規定しています。ここで重要なことは2つあり、1つは、「学識」だけでなく「応用能力」の有無も試されるということです。ですから、司法試験に合格するためには、知識だけでなく、応用能力も修得する必要があります。もう1つは、「裁判官、検察官又は弁護士となろうとする者に必要な」という部分です。実務法曹になろうとする者にとって必要な学識等ですので、裁判規範である条文や判例を具体的事案で使えるように理解することが重要になります。

1条の「応用能力」については、3条で内容が示されており、短答式試験では「法的な推論の能力」（1項）、論文式試験では「法的な分析、構成及び論述の能力」（2項）および「法律に関する理論的かつ実践的な理解力、思考力、判断力等」（4項）になります。ここで重要なのは、「理論的かつ実践的な」という部分であり、実務法曹になろうとする者にとって、法的な問題につき、理論的だけでなく、実践的な観点からも、理解・思考・判断等をすることが重要であることが読み取れます。

このようなことを頭に入れて司法試験の過去問を分析すれば、司法試験で試されている学識や応用能力がどのようなものかをより具体的に把握できると思います。

　法文書の案を作成すること、またはその案のことを「起案」といいます。

　弁護士が起案する書面には、大なり小なり依頼者の利益がかかっています。ですから、米倉明教授（『プレップ民法』〔弘文堂〕の著者）風にいえば、内容的にも形式的にも「間然するところのない」法文書を書くことが理想です。

　そのためには、本書第5章の冒頭にあるように、自分が書いた文章を何度も読み返すことが大切です。丁寧に読み返すことで、誤字脱字だけでなく、自身の主張（法律論）の弱点を発見し、修正することができます。したがって、自分が起案した書面を読み返すことは、弁護士にとって欠かせない作業です。

　特に、裁判所に書面（民事訴訟の「訴状」、「準備書面」、刑事訴訟の「弁論要旨」など）を提出する場合、弁護士は、細心の注意を払い、何度も読み返しながら起案しているはずです。しかし、実際の書面には入力ミスが散見されますし、内容的におかしいものもあります。

　何度も読み返しているのに、どうして誤ったままの書面が提出されるのでしょうか。その原因は、「自分が書いたものに間違いはないはずだ」と思い込み、文章を客観視できなくなっていることにあると思います。

　では、自分が書いた文章を客観視するにはどうすればいいでしょうか。誰でも簡単に実践できるのは、一応完成させた書面をしばらく寝かせてから読み返す方法です。みなさんは、心配ごとを抱えながらも、一晩寝てスッキリしたら冷静になり、妙案が浮かんだというような経験はありませんか。これと同じことで、日にちを空けて頭を冷やせば、自分が書いた文章でもかなり客観視できるようになります。

　大橋正春元最高裁判事は、「起案は1週間寝かせろ ── 1週間後の自分は他人」という箴言でこの方法を推奨されています。忙しい日々でも、締切日まで1週間寝かせられるよう、早めの起案を心がけたいものです。

練習問題 8・9 の解答

問 1

　ビル賃貸業者である X 社は、その所有に係る土地の利用処分ができずに困っていた。そこで X 社は、同土地に倉庫を建設して Y 社に賃貸するプロジェクトを計画した。X 社は、この計画を Y 社の構内下請会社から Y 社に出向していた「Y 社業務次長」という肩書きの M 氏に持ち込み、M 氏と交渉を開始した。M 氏は Y 社内で契約締結権限がないにもかかわらず、上司への報告をせずその決裁を受けずに独断で交渉を継続した。さらに、X 社に対しても前向きなことを言い、Y 社名義を使って覚書を提出したりした。しかし、結局、このプロジェクトは Y 社の承認するところにならず、破談となってしまった。

問 2

　本件事故は、X 車両が相当程度の速度でガードレールと衝突し、その後回転して約 29 m 先のガードレールと再度衝突してようやく停車したというものである。つまり、本件事故はそれなりに激しい衝突事故であったと認められる。だから、X が本件事故現場付近の路面が凍結しやすいという認識に応じて、他人に危害を及ぼさないような速度と方法で運転しなければならない義務を尽くして X 車両を運転していても、なお本件事故が発生したと直ちに認めることは困難である。したがって、本件事故は、X が路面の状況に応じた運転をするという自動車運転者として一般的に求められる義務を尽くすことなく、X 車両を運転したことによって惹起された事故である。だから、本件事故は、X の不注意により発生したとの疑いを払拭し得ないというべきである。よって、本件事故が専ら路面の凍結によって不可避的に発生したものであるとの X の主張事実は、認めるに足りないといわざるを得ない。

問 3

　TS　裁判で最も重要な弁論術は、証言や弁論を論理的に、順序立てて理解しやすいように組み立てることである。

おわりに

　法学や医学をはじめとする専門分野で学ぶには、その分野で使われている専門用語を覚えることが基本です。覚えるとはその語を理解し、それを記憶に留め、必要に応じていつでも使えるように備えることを指します。それは単に当該の分野で使われる専門用語を暗記するような、単純で機械的行為ではありません。そうではなく、その専門用語を覚えることは、世の中で生じている事象をその専門用語で再表現し直すこととつながっていなくてはなりません。ですから、その専門用語は思考上の道具の一部になるわけです。したがって、その専門用語の知識が静的なもの（専門用語の定義が単に言える）に留まらず、動的に作用すること（当該の事象を専門用語に置き換えて事象を捉え直すこと）が大事です。

　世界を専門用語に置き換えて把握するのと同じような意味で、論証や論理にまつわることを学ぶには、論証、論理に使われる言葉や概念の知識をまず身につける必要があります。論証用語の意味と使い方を覚え、それを実際に目の前で展開している議論、討論、話し合い、読むこと、書くことなどの言語的活動の把握、理解、批判のために使ってください。たとえば、「法的価値判断は単なる判断主体の主観的意見にとどまらない。だから法律解釈の争いは単なる『見解の相違』ではない」という全く聞いたこともないような内容も、一旦、前半を根拠、後半を結論というように論証用語で置き換えると、それが単純な論証であることが見えてきます。それは「今日は天気だ。だから散歩に出かけよう」という論証とコンテンツは異なるものの、論証構造が同じである点で何ら変わりありません。同時に両者とも論拠に触れていないことも分かります。文の内容自体が理解できないとしても、その議論・論証の構造が把握できれば、その論拠を問うことができます。それは議論を論証用語に焼き直すことによって自覚できるのです。

　本書では、読むこと書くことについてもお話ししました。厳密に言うと、「何をもってして読んだことになるのか」、「何をもってして書いたことになるのか」について、誰もが納得するようなモデルがあるわけではありません。つまり、いろいろな人が「読むとは、書くとは、これこれ、しかじかのことだ」と主張するでしょう。そう主張するのであれば、その主張が仮に暫定的なものであっ

たとしても、自分にとっての「読み書きとはこれこれしかじかのことを指す」という考えを明確にもつ必要があります。本書では「読むことと書くこと」は表裏一体であり、不可分であるという考え方をお話ししました。この考え方がどれほど有効に働くかは、読者のみなさんに実際にこのモデルで読み書きをしていただき、判断していただきます。読者のみなさんもご自分のモデルを作り、それと照らし合わせながら他の読み方、書き方を評価、批判してみてください。本書の主張がみなさんのモデル作りの参考になれば幸いです。

　議論や論証についてもさまざまなモデルがあります。本書はその中で世界的に広く使われているトゥールミン・モデルを紹介しました。このモデルは法学的議論を基礎に作られたものです。ですから、当然ですが、法学的議論や話し合いを分析し、全体を俯瞰する場合にはもちろんのこと、法学に限らず、一般的で肩肘の張らないような話し合いからアカデミックな議論まで、すべてこのモデルを背景に分析することが可能です。日常会話からちょっと難しい議論や討論に移ったなと思ったら、即トゥールミン・モデルを使って議論・討論を把握してください。そして、このモデルを対話の相手とも共有してみてください。議論の基盤となる考えを相手に強要することなく納得してもらうことが、議論を始める下準備として大切です。

　私たちは、母語である日本語を意識せず、努力せずに獲得してきました。一方、論証、論理的思考は母語のように「自然」と身につくことはありません。論理的に読んだり、書いたり、議論したりできるようになるには、意識的な努力の積み重ねと、場数を多く踏むことが不可欠です。特に、法学を学び、将来は、弁護士などの法曹関係に進みたいと考えておられる読者の方は、今から、本書にあるような基礎的トレーニングを始めることをお勧めします。

　最後になりましたが、本書を執筆するにあたり、弘文堂の清水千香さんには企画段階から始まり、すべての段階で大変にお世話になりました。書き手は書くことに集中していますと、ついつい読者の目線への注意が向かなくなることが多々あります。そのような時に、清水さんの目線でさまざまな事柄をご指摘いただきました。そのようなバックアップなしに本書が完成することはなかったと思います。清水さん、ありがとうございました。著者一同からお礼を申し上げます。

文　献

■ 引用・参考文献

池田真朗編、2020：池田真朗編『プレステップ法学〔第4版〕』（弘文堂、2020）

井田香奈子「結婚と平等　賽は投げられた」（『朝日新聞』2021年4月18日朝刊「社説余滴」）

大澤恒夫、2004：大澤恒夫『法的対話論─「法と対話の専門家」をめざして』（信山社、2004）

太田勝造、2020：太田勝造編著『AI時代の法学入門─学際的アプローチ』（弘文堂、2020）

駒村圭吾編、2021：駒村圭吾『プレステップ憲法〔第3版〕』（弘文堂、2021）

高橋文彦、2013：高橋文彦『法的思考と論理』（成文堂、2013）

田中成明、1994：田中成明『法理学講義』（有斐閣、1994）

ダニエル・フット、2007：ダニエル・H・フット著、溜箭将之訳『名もない顔もない司法
　─日本の裁判は変わるのか』（NTT出版、2007）

道垣内弘人、2017：道垣内弘人『プレップ法学を学ぶ前に〔第2版〕』（弘文堂、2017）

西田典之ほか、2019：西田典之著＝橋爪隆補訂『刑法総論〔第3版〕』（弘文堂、2019）

野矢茂樹、1997：野矢茂樹『論理トレーニング』（産業図書、1997）

平野仁彦ほか、2002：平野仁彦＝亀本洋＝服部高宏『法哲学』（有斐閣、2002）

福澤一吉、2005：福澤一吉『論理表現のレッスン』（NHK出版、2005）

福澤一吉、2018：福澤一吉『看護学生が身につけたい論理的に書く・読むスキル』（医学書院・
　2018）

ホロウェイ、2021：ダニエル・E・ホロウェイ著、太田勝造監訳『法実務と認知脳科学─交渉・
　説得・弁論』（木鐸社、2021）

森田果、2020：森田果『法学を学ぶのはなぜ？』（有斐閣、2020）

森戸英幸・小西康之、2020：森戸英幸＝小西康之『労働法トークライブ』（有斐閣、2020）

■ 参考文献

佐渡島ほか、2021：佐渡島紗織＝吉野亜矢子『これから研究を書くひとのためのガイドブッ
　ク〔第2版〕』（ひつじ書房、2021）

トゥールミン、1958：Stephen E. Toulmin（1958）The use of Argument（Cambridge
　University Press）

トゥールミン著、戸田山＝福澤共訳：スティーヴン・トゥールミン著、戸田山和久＝福澤一
　吉共訳『議論の技法』（東京図書、2011）

永島、2017：永島賢也『争点整理と要件事実─法的三段論法の技術』（青林書院、2017）

野矢、2001：野矢茂樹『論理トレーニング101題』（産業図書、2001）

野矢、2006：野矢茂樹『新版 論理トレーニング』（産業図書、2006）

野矢、2017：野矢茂樹『大人のための国語ゼミ』（山川出版社、2017）

福澤、2010：福澤一吉『議論のルール』（NHK 出版、2020）

福澤、2010：福澤一吉『論理的に説明する技術』（SB クリエイティブ、2010）

福澤、2017：福澤一吉『論理的思考—最高の教科書』（SB クリエイティブ、2017）

福澤、2018：福澤一吉『新版議論のレッスン』（NHK 出版、2018）

三浦、2000：三浦俊彦『論理学入門』（NHK 出版、2000）

三浦、2004：三浦俊彦『論理学がわかる事典』（日本実業出版社、2004）

事　項　索　引

■ 著者紹介（Alphabet 順）

福澤　一吉（ふくざわ・かずよし）

1975年　早稲田大学文学部英文学科卒業

1978年　早稲田大学大学院文学研究科心理学修士課程修了

1982年　ノースウエスタン大学大学院言語病理学科博士課程修了　Ph. D

1982年-1990年　東京都老人総合研究所（現東京都健康長寿医療センター研究所）リハビリ
　　　　　テーション医学部言語聴覚研究室研究員

1990年　早稲田大学文学部心理学コース講師，助教授，教授を経て

現　在　早稲田大学名誉教授，明治大学：法と社会科学研究所客員研究員

専　攻　言語病理学，神経心理学，認知神経心理学，非形式論理学

研究テーマ　神経心理学的症状の理論的解明，運動の計算理論，特に書字障害，失行症の運
　　　　　動障害メカニズム

主　著　『新版 議論のレッスン』（NHK 出版新書，2018）
　　　　　『クリティカル・リーディング』（NHK 出版新書，2012）
　　　　　『テキスト現代心理学入門』（共編著，川島書店，2009）
　　　　　『神経文字学—読み書きの神経科学』（分担執筆，医学書院，2007）

翻　訳　『議論の技法—トゥールミンモデルの原点』スティーブン・トゥールミン著，戸田山
　　　　　和久＝福澤一吉共訳（東京図書，2011）

花本　広志（はなもと・ひろし）

1985年　一橋大学法学部卒業

1987年　一橋大学大学院法学研究科修士課程修了

1990年　一橋大学大学院法学研究科博士後期課程単位取得満期退学
　　　　　関東学院大学法学部専任講師，獨協大学法学部専任講師，同助教授，同教授，同法
　　　　　科大学院教授を経て

現　在　獨協大学外国語学部交流文化学科教授

専　攻　民法

研究テーマ　知的財産権侵害にかかる損害賠償，利益引渡責任，パブリシティの権利，契約
　　　　　法の現代化，法曹養成教育・法学教育

主　著　「ドイツ法における利益引渡責任（Gewinnhaftung）」好美清光先生古稀記念論文集
　　　　　『現代契約法の展開』（経済法令研究会，2000）193-241 頁
　　　　　「人格権の財産権的側面—パブリシティ価値の保護に関する総論的考察」獨協法学
　　　　　45 号（1997）241-259 頁
　　　　　『コンビネーションで考える民法』（共著，商事法務，2008）
　　　　　「法学教育における臨床教育の意義について—学習科学の知見から」臨床法学教育
　　　　　学会『法曹養成と臨床教育 2』（日本加除出版，2009）26-46 頁

廣澤　努（ひろさわ・つとむ）

1994年　東京大学法学部卒業
　　　　島根県，運輸省を経て
2007年　島根大学大学院法務研究科（山陰法科大学院）修了
2009年　弁護士登録（島根県弁護士会）
現　在　弁護士（熱田・廣澤法律事務所），島根県法務参与
研究テーマ　民事弁護実務，ローヤリング
主　著　「再犯・累犯者の社会内処遇─拘禁刑の代替　山陰での裁判ケース」共著，島大法學
　　　　58巻1・2号（2014）1-27頁
　　　　「山陰法科大学院の意義と成果─次世代に受け継ぐべきもの」『シンポジウム「地域
　　　　の法律系人材養成の展望」～山陰法科大学院の理念・実績の継承と新時代の法学教
　　　　育のために～報告書』（島根大学山陰法実務教育研究センター，2015）16-20頁

宮城　哲（みやぎ・さとし）

1992年　琉球大学法文学部卒業
1997年　検事任官（東京・札幌・青森各地検検事）
1999年　弁護士登録（沖縄弁護士会）
2004年　琉球大学大学院法務研究科助教授を経て
現　在　弁護士（アドバイザリー法律事務所），琉球大学大学院法務研究科教授
専　攻　民法学，臨床法学教育
研究テーマ　債権法，民事弁護実務，法学教育
主　著　『法的交渉の技法と実践』（分担執筆，民事法研究会，2016）
　　　　『事例研究　民事法〔第2版〕II』（分担執筆，日本評論社，2013）
　　　　『法科大学院におけるローヤリング教育の理論と実践』（分担執筆，民事法研究会，
　　　　2013）
　　　　「未修者に対する民法教育方法の提案～理想の法曹教育と司法試験の二兎を追う一
　　　　石二鳥の手法～」『法曹養成と臨床教育11』（日本加除出版，2019）31-40頁

新たな法学の基礎教育
──論理的に読み・書き・議論するための基本

2022（令和4）年7月30日　初版1刷発行

編著者　福澤　一吉

発行者　鯉渕　友南

発行所　株式会社　弘文堂　　101-0062　東京都千代田区神田駿河台1の7
　　　　　　　　　　　　　　TEL 03(3294)4801　　振替 00120-6-53909
　　　　　　　　　　　　　　https://www.koubundou.co.jp

装　丁　宇佐美純子
印　刷　三報社印刷
製　本　井上製本所

ISBN 978-4-335-35904-0